Fritjof Capra / Paul Davies /
James Lovelock / Rupert Sheldrake

Der wissende Kosmos

HERDER spektrum

Band 5133

Das Buch

Als die ersten Astronauten in den Weltraum flogen, war es plötzlich möglich, die Erde im Ganzen zu sehen – Bilder, deren Schönheit und Erhabenheit die Menschen bis heute faszinieren und unser Verständnis der Erde und des Menschen nachhaltig verändert haben. Zugleich ist die naturwissenschaftliche Forschung im Laufe des 20. Jahrhunderts immer rationaler, immer kleinteiliger und unverständlicher geworden. Vor diesem Hintergrund wurde Fritjof Capras *Wendezeit* ein Weltbestseller. Seine ganzheitliche Vision verbindet physikalische, astronomische und biologische Erkenntnisse mit den grundlegenden Fragen des Menschseins: Was ist Leben? Wie ist es entstanden? Was ist Bewusstsein? Wie hängen Geist und Materie zusammen? Ist unsere Welt durch Zufall bestimmt oder durch Schöpfung?

Die Forschungsergebnisse, Hypothesen und Gedankenexperimente, die vier der bekanntesten lebenden Naturforscher im Rahmen der *Mystics and Scientists Conferences* präsentiert haben und die nun erstmals auf deutsch veröffentlicht werden, zeigen, dass große Ideen oftmals verblüffend einfach sind. Dieser Band stellt die Grundideen von Chaostheorie, Gaia-Hypothese und der Annahme morphogenetischer Felder vor und macht deutlich, dass daraus ein Weltbild entsteht, das uns in unserem alltäglichen Leben berührt. Ein inspirierendes Buch über neue Sichtweisen des Lebens und die Grenzen des Wissbaren, über die Kreativität des Kosmos und die Verantwortung des Menschen.

Die Autoren

Fritjof Capra wurde in den 70er und 80er Jahren weltweit als Vordenker eines neuen, ganzheitlichen Weltbildes bekannt. Jetzt Professor in Berkeley.

Paul Davies hat seine Professur für Naturphilosophie an der University of Adelaide aufgegeben, um sich dem Schreiben zu widmen. Bedeutende mathematische und physikalische Forschung auf den Gebieten der Quantenfeldtheorie, der Schwarzen Löcher und des Urknalls.

James Lovelock hat als Professor für Chemie für die NASA gearbeitet und die Bedingungen für Leben auf dem Mond und dem Mars erforscht. Jetzt lebt er als unabhängiger Wissenschaftler in Südengland, wo er seine Gaia-Theorie weiter ausarbeitet. Seit 1974 Fellow der Royal Society.

Rupert Sheldrake, zunächst Professor für Biochemie in Cambridge, dann in Indien, wo er eineinhalb Jahre in der Gemeinschaft von Bede Griffiths lebte. Mehrere Bücher über Naturwissenschaft und Spiritualität. Jetzt Professor am Institute of Noetic Science in San Francisco.

Fritjof Capra / Paul Davies /
James Lovelock / Rupert Sheldrake

Der wissende Kosmos

Die Entdeckung eines neuen Weltbildes

Aus dem Englischen von Brigitte Beier
und Karen Villwock

HERDER

FREIBURG · BASEL · WIEN

Gedruckt auf umweltfreundlichem,
chlorfrei gebleichtem Papier

Deutsche Erstausgabe
2. Auflage

www.herder.de
Satz: Rudolf Kempf, Emmendingen
Herstellung: fgb · freiburger graphische betriebe 2002
www.fgb.de
Umschlaggestaltung und Konzeption:
R·M·E München / Roland Eschlbeck, Liana Tuchel
Umschlagmotiv: © Focus
ISBN 3-451-05133-8

Inhalt

Die neue Physik und die wissenschaftliche Realität unserer Zeit

Fritjof Capra

Fritjof Capra promovierte an der Universität Wien in theoretischer Physik und führte Forschungen zur Hochenergiephysik an den Universitäten von Paris, Santa Cruz (University of California), Stanford und London durch. Er ist Autor der Bücher „Das Tao der Physik", „Wendezeit", „Das neue Denken", „Lebensnetz. Ein neues Verständnis der lebendigen Welt" und „Synthese. Neue Bausteine für das Weltbild von morgen". Derzeit ist er Direktor des Zentrums für „Öko-Alphabetisierung" mit Sitz in Berkeley, das durch Lehrertrainingskurse, Veröffentlichungen und ein Stipendienprogramm das ökologische und systemische Denken in der Früherziehung fördern will. Der folgende Vortrag wurde 1978 im Rahmen der Mystics and Scientists Conference gehalten.

Das Anliegen meines Vortrages ist es, den Horizont zu erweitern und das Weltbild der modernen Physik und seine Beziehung zu den Traditionen der Mystik in einen umfassenderen sozialen und kulturellen Kontext zu stellen. Wenn wir unsere Gesellschaft betrachten, bemerken wir ein grundlegendes Ungleichgewicht hinsichtlich der Philosophie und Kultur. Es handelt sich um ein Ungleichgewicht zwischen zwei Arten von Bewusstsein, die stets als wesentliche Aspekte der menschlichen Natur angesehen wurden und die „rational" und „intuitiv" genannt werden. Diese beiden Arten des Bewusstseins werden traditionellerweise der Wissenschaft bzw. der Religion zugeordnet.

Die Chinesen nennen diese beiden Denkweisen oder Arten des Wissens „Yang" und „Yin". Für sie sind es nicht Erfahrungen, die verschiedenen Kategorien angehören, sondern vielmehr entgegengesetzte Bestandteile *eines* Ganzen oder extreme Pole ein und derselben Wirklichkeit. Nach chinesischer Sicht werden alle Erscheinungsformen der Wirklichkeit, der menschliche Geist eingeschlossen, durch eine dynamische Wechselwirkung dieser beiden ursprünglich gegensätzlichen Kräfte, des Yang und des Yin, bewirkt. Um Ihnen eine Vorstellung davon zu geben, wie sich die Chinesen dieses Wechselspiel vorstellen, zitiere ich aus einem uralten chinesischen Text: „Das Yang, das seinen Höhepunkt erreicht hat, zieht sich zurück zu Gunsten des

Yin. Das Yin, das seinen Höhepunkt erreicht hat, zieht sich zurück zu Gunsten des Yang." Man hat sich dies als ein zyklisches Wechselspiel zwischen entgegengesetzten Kräften vorzustellen.

Ich halte es für interessant und aufschlussreich, unsere Kultur und Gesellschaft unter dem Gesichtspunkt dieser beiden entgegengesetzten Pole der menschlichen Natur zu betrachten. Der Yang-Aspekt, die männliche Seite der menschlichen Natur, steht für Aktivität, Vernunft, Wettstreit und Wissenschaft. Der Yin-Aspekt als das Weibliche der menschlichen Natur bildet die nachgiebige, intuitive, hilfsbereite, mystische Seite. Wenn Sie diese beiden Aspekte betrachten, werden Sie sofort erkennen, dass unsere Gesellschaft das Yang durchweg höher bewertet als das Yin. Sie stellt die Aktivität über die Meditation, das rationale über das intuitive Wissen, Wissenschaft über Religion, Wettbewerb über Zusammenarbeit usw. Unsere Kultur ist stolz darauf, wissenschaftlich zu sein, sie ist beherrscht von Rationalität, und das wissenschaftliche Denken wird häufig für das einzig wertvolle gehalten, für die einzig akzeptable Art des Denkens. Dass es auch noch andere, intuitive Formen des Wissens oder intuitive Einsichten gibt, die genauso gültig und zuverlässig sind, wird grundsätzlich nicht anerkannt. Die intuitive Seite wird ebenso unterdrückt wie all die anderen Yin- oder weiblichen Aspekte der menschlichen Natur. Und anstatt anzuerkennen, dass die Persönlichkeit jedes Mannes und jeder Frau aus dem Wechselspiel der männlichen und weiblichen Elemente entsteht, haben wir ein statisches und strenges System errichtet, in dem von allen Männern männliches Verhalten und von allen Frauen weibliches erwartet wird. Das hat – bei gleichzeitiger Betonung der männlichen oder Yang-Seite in unserer Gesellschaft – den Männern die führenden Positionen und, damit einhergehend, viele Privilegien verschafft. Immerhin erleben wir zur Zeit den Beginn einer gewaltigen kulturellen Veränderung, die ich für einen evolutionären Umschwung halte. Wie es im chinesischen Text heißt, beginnt sich das Yang, da es seinen Höhepunkt erreicht hat, zu Gunsten des Yin zurückzuziehen. Wir werden Zeuge einer zunehmenden Beschäftigung mit Ökologie, eines starken Interesses an Mystik und an übernatürlichen Phänomenen, einer Wiederentdeckung ganzheitlicher Auffassungen von Gesundheit und Heilkunst und nicht zuletzt eines stärker werdenden feministischen Bewusstseins.

Ich glaube, dass all diese Entwicklungen und Tendenzen Teil desselben evolutionären Umschwungs sind, der wegführt von einer Überbetonung der Yang-Qualitäten und hinführt zu einem Gleichgewicht zwischen Yin und Yang. Dies zeigt sich auch daran, dass die moderne Physik – das Musterbeispiel einer aus der extremen Spezialisierung des rationalen Geistes entstandenen Wissenschaft – sich nunmehr auf die Mystik zu bewegt, in der tiefe Religiosität und eine extreme Spezialisierung des intuitiven Geistes zum Ausdruck kommen. Hierin zeigt sich sehr schön, wie rationale und intuitive Seite des Bewusstseins eine Einheit bilden und einander ergänzen. Die Ähnlichkeiten zwischen den Sichtweisen der Physiker und der Mystiker bilden deshalb ein starkes Argument, um unsere gesellschaftlichen und politischen Institutionen davon zu überzeugen, dass wir in einer Welt kulturellen Ungleichgewichts leben.

Die Betonung rationalen Denkens findet in Descartes' berühmtem Ausspruch *Cogito ergo sum* – „ich denke, also bin ich" – ihren bündigen Ausdruck. Dieser Satz hat die Menschen in der westlichen Welt dazu verführt, ihr Ich mit ihrem Geist und nicht mit dem gesamten Organismus gleichzusetzen; „ich denke, also bin ich" – nicht „ich fühle" oder „ich träume" oder etwas in der Art, nein: „ich *denke,* also bin ich". Diese Haltung hatte zur Folge, dass Leib und Seele als etwas völlig Getrenntes und die Welt – nach der Newtonschen Auffassung – als ein mechanisches System unverbundener Objekte angesehen wurden. Diese Newtonsche Weltsicht hat einen ungeheuren Einfluss auf alle anderen Wissenschaften ausgeübt. Die Naturwissenschaften wie auch die Sozial- und Geisteswissenschaften haben sich an diesem Modell der klassischen Newtonschen Physik ausgerichtet. Sie galt stets als Musterbeispiel einer exakten Wissenschaft und war Vorbild für alle anderen Disziplinen, die sich damit deren mechanistisch reduktionistische Sichtweise zu eigen machten. Jetzt, da die Physiker selbst weit über das Newtonsche Modell hinausgegangen sind, wird es Zeit für die anderen Wissenschaften, diese Entwicklung zur Kenntnis zu nehmen und ihre grundlegenden philosophischen Anschauungen zu erweitern.

Die Anwendbarkeit des Newtonschen Modells

Im Folgenden möchte ich die Wirkung der Newtonschen Physik und des entsprechenden Weltbildes auf die anderen Wissenschaften erörtern und dann die Möglichkeiten und Konsequenzen andeuten, die sich aus der modernen, post-Newtonschen Physik ergeben. Doch zunächst muss ich noch auf einen anderen wichtigen Punkt zu sprechen kommen. Die neue Sicht auf das Universum, die sich aus der modernen Physik ergeben hat, besagt nicht, dass die Newtonsche Physik falsch oder dass die Quantentheorie, die Relativitätstheorie oder irgendeine der neueren Theorien richtig sei. In den modernen Wissenschaften sind wir zu der Erkenntnis gekommen, dass alle unsere Theorien, Modelle und Begriffe nur begrenzte Aussagekraft haben und nur eine Annäherung an die Realität darstellen. Zugespitzt formuliert, beschäftigen wir Wissenschaftler uns nicht mit der Wahrheit, sondern mit einer annähernden Beschreibung der Wirklichkeit. Wir entwickeln eine Theorie, ein Modell, und verbessern es, indem wir es schrittweise an die Realität annähern. Jede Theorie hat Gültigkeit für bestimmte Bereiche von Phänomenen, und dort ist sie auch sehr brauchbar. Aber wenn wir diesen Bereich verlassen und sie auf neue Phänomene anwenden wollen, müssen wir die existierende Theorie erweitern oder sie durch eine bessere ersetzen. So oder so, die Theorie ist immer nur eine Annäherung, sie wird niemals absolute Gültigkeit innerhalb des wissenschaftlichen Kontextes haben.

Nun, für jemanden, der wissenschaftliche Erkenntnisse für die einzig akzeptablen hält, ist das sicherlich sehr enttäuschend, nicht jedoch für den, der auch andere Formen der Erkenntnis gelten lässt. Tatsächlich wirken die Physiker, die zu dieser Überzeugung gelangt sind und ihre Theorien daran orientieren, eher optimistisch und ausgeglichen als pessimistisch und unzufrieden. Es hat überhaupt nichts mit Pessimismus zu tun, wenn man sich klar macht, dass alle wissenschaftlichen Theorien und Modelle nur Annäherungen sind. Die Frage wird nun sein, wie gut das Newtonsche Modell als Annäherung geeignet ist, um die Grundlage für verschiedene andere Wissensgebiete zu liefern.

In der Physik selbst musste das Newtonsche Modell aufgegeben werden, als sich das Forschungsinteresse auf die Welt des ganz Kleinen – Atome und Elementarteilchen – und des ganz Großen – Sterne, Galaxien, Galaxienhaufen usw. – zu richten begann. Gleichwohl ist die Newtonsche Physik auf Objekte mittlerer Ausdehnung weiterhin sehr gut anwendbar. In anderen Bereichen, auf die ich noch zu sprechen kommen werde – in der Biologie, Psychologie usw. –, hat die Begrenztheit des Newtonschen Modells wohl nichts mit der Frage der Größe, sondern mit etwas anderem zu tun. Mir geht es hier allerdings nicht um das Problem, inwieweit die Newtonsche Physik auf andere Phänomene anwendbar ist, sondern vielmehr um die Frage der Brauchbarkeit der mechanistischen und reduktionistischen Weltsicht, die der Newtonschen Physik zugrunde liegt. Jede Wissenschaft wird herausfinden müssen, wo in ihrem Bereich die Grenzen dieses Weltbildes liegen.

Unter den vielen Vorstellungen und Aktivitäten, die vom Newtonschen Weltbild beeinflusst sind – und die sich ändern müssten, um mit der modernen Physik vereinbar zu sein –, möchte ich mich heute mit denen beschäftigen, die mit Gesundheit, Heilkunst und Gesundheitspflege zu tun haben. Sie umfassen ein weites Spektrum von der Biologie und Medizin über Psychologie, Psychotherapie, Gesundheitserziehung und -fürsorge bis hin zu den Sozialwissenschaften, zur Ökonomie und Politik: Alle diese Faktoren haben Einfluss auf die Gesundheit und ihre Pflege. Die Beschäftigung mit diesem Themenbereich bietet sich nicht nur deshalb an, weil sich daran viele Facetten darstellen lassen, sondern auch wegen der unmittelbaren Bedeutung für das Individuum und die Gesellschaft.

In der Biologie hat das Newtonsche Weltbild zu der Vorstellung geführt, dass ein lebender Organismus als eine aus einzelnen Teilen bestehende Maschine anzusehen sei. Diese mechanistische Biologie wurde von Descartes selbst begründet, der vom „Tier als Maschine" sprach. Diese mechanistische Perspektive, die auch auf den menschlichen Organismus als Ganzes angewandt wurde, ist bis heute die vorherrschende in den Biowissenschaften. Um nur ein Beispiel zu geben: Joseph Needham schrieb 1928: „Für die Wissenschaft ist der Mensch eine Maschine, denn wenn er keine wäre, dann wäre er ein Nichts." Dies ist eine besonders extreme Ausprägung der Analogie von Mensch und Maschine. Sie legt nahe, dass wir einen lebenden Organismus verstehen können, indem wir ihn in seine Teile zerlegen und, nachdem wir die einzelnen Teile verstanden haben, wieder zusammenfügen. Das war die Vorgehensweise der klassischen Physik, und auf diese Auffassung stützt sich bis heute in weiten Bereichen das Denken der Biologie. Um Ihnen ein weiteres Beispiel zu geben, möchte ich aus einem Lehrbuch der modernen Biologie zitieren, das an amerikanischen Universitäten als Standardwerk gilt: „Ein überzeugender Beleg für das Verständnis eines Gegenstandes besteht in der Fähigkeit, ihn aus seinen einzelnen Komponenten zusammensetzen zu können. Letztlich sind die Molekularbiologen bestrebt, ihre Erkenntnisse über die Struktur und Funktion der Zelle unter Beweis zu stellen, indem sie die Synthese einer Zelle versuchen." Hier finden wir es sehr deutlich formuliert: Das Ziel der Molekularbiologie ist es, die Dinge auseinander zu nehmen, ihre Einzelteile zu verstehen und sie anschließend wieder zusammenzusetzen.

Dieses mechanische Modell der Biologie hatte starken Einfluss auf die westliche Medizin. Diese bedient sich des Newtonschen Modells vom menschlichen Körper, indem sie ihn als Maschine betrachtet, die sich anhand ihrer Teile analysieren lässt. Krankheit erscheint als etwas, das von außen kommt, in den Körper eindringt und einen einzelnen Teil angreift, und die Rolle des Arztes besteht darin, in das Geschehen einzugreifen und den betroffenen Teil zu behandeln, sei es physikalisch durch chirurgische Eingriffe oder chemisch mit Medikamenten; für die verschiedenen Teile sind jeweils Spezialisten zuständig.

In vielen Fällen scheint es angemessen, eine Krankheit mit einem bestimmten Körperteil in Verbindung zu bringen. Aber die westliche Medizin hat diese reduktionistische Herangehensweise überbetont und das Spezialistentum bis zu einem Punkt vorangetrieben, an dem Ärzte nicht mehr in der Lage sind, Krankheit als eine Störung des gesamten Organismus zu sehen und als solche zu behandeln. Stattdessen therapieren sie einen bestimmten Teil des Körpers, wobei im Allgemeinen unberücksichtigt bleibt, wie dieser Teil mit den anderen in Zusammenhang steht; insbesondere seine Beziehung zu mentalen und psychischen Funktionen wird üblicherweise vernachlässigt.

Ein weiteres Charakteristikum der reduktionistischen Einstellung unserer Medizin ist die Überbewertung der Bakterien. Im 19. Jahrhundert stellte Pasteur fest, dass Krankheiten mit dem Auftreten von Bakterien einhergehen, und hielt sie daraufhin für die Ursache dieser Krankheiten. In der westlichen Welt ging die medizinische Behandlung in den letzten hundert Jahren und länger von dieser irrtümlichen Annahme aus. Man erkannte nicht, dass die Bakterien meist nicht die eigentliche Ursache der Erkrankung sind, sondern nur zur Symptomatik der zugrunde liegenden biologischen Störung gehören. Anstatt nach den eigentlichen Ursachen der Störung wie unzureichender Ernährung, Bewegungsmangel oder starkem seelischem Stress usw. zu suchen, konzentriert sich in der westlichen Medizin die Therapie darauf, die Bakterien zu vernichten. Auf diese Weise können die Symptome unterdrückt oder gemildert werden, der Organismus wird aber währenddessen durch die eigentliche Ursache weiterhin geschädigt. Diese medikamentöse Behandlung einer Krankheit wird natürlich von der pharmazeutischen Industrie gefördert und bestärkt, und im weiteren Sinne trägt unser gesamtes Wirtschafts- und

Gesellschaftssystem dazu bei. Um diese Tendenz zu überwinden, brauchen wir nicht nur ein neues Denk- und Wissenschaftsmodell, sondern wir müssen auch gesellschaftspolitisch aktiv werden. Ohne Berücksichtigung der sozialen Bedingungen sowie der gesellschaftlichen und politischen Dimensionen kommt eine Betrachtung von Gesundheit und Heilkunst aus ganzheitlicher Perspektive nicht aus. Ich werde auf diesen Punkt später zurückkommen.

Lassen Sie mich jetzt auf die Psychologie zu sprechen kommen, die sich traditionellerweise mit der anderen Seite des kartesischen Dualismus beschäftigt. Es ist auffällig, wie stark die klassische Psychologie, ebenso wie die klassische Physik, von dem Dualismus ausgeht, der Descartes zufolge zwischen Geist und Materie, zwischen Seele und Leib besteht. Seitdem diese Trennung zwischen Innen- und Außenwelt postuliert wurde, fragen sich Psychologen, wie Körper und Geist als unterschiedliche Substanzen interagieren können. Hat man sie erst einmal voneinander getrennt, ist es schwierig zu verstehen, wie sie aufeinander einwirken können. Ich halte die gegenwärtige Verwirrung in Bezug auf die Rolle und Beschaffenheit von Geist auf der einen und Gehirn auf der anderen Seite für eine direkte Folge des kartesischen Dualismus. Ich behaupte nicht, die Lösung des Problems zu kennen. Aber ich möchte betonen, dass die Entwicklung einer anderen Denkweise, die die Einheit von Körper und Geist zulässt, uns den Umgang mit diesem Problem, über das sich Neurophysiologen und Psychologen den Kopf zerbrechen, erleichtern könnte.*

Auf der Basis des kartesischen Dualismus haben sich bei der Untersuchung der Psyche zwei Herangehensweisen

* 18 Jahre später fand Capra eine Lösung des Problems und veröffentlichte sie in seinem Buch „Lebensnetz“; Anm. d. Hrsg.

herausgebildet. Der Behaviourismus hat sich dafür entschieden, die Wirkungen des Geistes auf die Materie durch das Studium des Verhaltens zu erforschen. Dabei kamen die Methoden der klassischen Physik zur Anwendung. Lebende Organismen wurden wiederum als Maschinen angesehen, die auf äußere Reize reagieren, und dieser Reiz-Reaktions-Mechanismus war der Newtonschen Physik nachempfunden. Es war das klassische Prinzip von Ursache und Wirkung, wie es beim Billardspiel auftritt, das der Verhaltensforschung übergestülpt wurde. Der Behaviourismus stellt immer noch die Hauptrichtung der akademischen Psychologie dar. Er rechtfertigt seine Vorgehensweise damit, dass nur so eine „wissenschaftliche" Untersuchung des Verhaltens möglich sei – ein sehr bezeichnender Anspruch. Der reduktionistische Zugang, Verhalten wie bei einer Maschine auf Reiz und Reaktion einzuengen, wird mit Wissenschaft gleichgesetzt, und die einzige Wissenschaft, die die Behaviouristen zu kennen oder zu akzeptieren scheinen, ist die reduktionistische Newtonsche Wissenschaft.

Die andere große Schule der klassischen Psychologie ist natürlich die Psychoanalyse. Freud hat sich dafür entschieden, die Seele durch Introspektion zu studieren. Er beschäftigte sich nicht mit Materie oder Verhalten, sondern mit dem Geist selbst. Gleichwohl wollte er eine wissenschaftliche Psychologie entwickeln, und das bedeutete, dass er sich an der klassischen Newtonschen Physik orientieren musste, der einzigen Physik seiner Zeit. Freud schrieb: „Die Analytiker sind im Grunde unverbesserliche Mechanisten und Materialisten." Analog zu den Physikern suchte Freud nach den Grundbausteinen der menschlichen Seele. Er richtete sein Interesse auf die Grundtriebe und setzte das Ich und das Überich als gegeben voraus. So beschrieb er die Seele anhand psychologischer Strukturen und der Kräfte, die zwischen diesen Strukturen wirken. Das Ich, das Es und das Überich sah er als innere Objekte an, die sich im Konflikt miteinander befinden. Diese Mechanik und Maschinerie der Seele wird durch Kräfte angetrieben, die nach Newtonschem Vorbild zu denken sind. Freud benutzte ganz bewusst Konzepte der Newtonschen Physik, um diese Maschinerie, die er „seelischer Apparat" oder auch „psychisches System" nannte, zu beschreiben. Seine Begriffe von Antrieb und Abwehr entsprechen zum Beispiel recht genau den Newtonschen Vorstellungen von aktiven und reaktiven Kräften.

Bei der eingehenderen Beschäftigung mit der Psychoanalyse wird klar, wie sehr sie von der kartesischen Spaltung beeinflusst ist. Zuallererst führte jene Spaltung zu dem mechanischen Modell der Seele. Die Theorie der Psychotherapie ist geprägt von der Trennung von Körper und Geist; die Psychiatrie vernachlässigt den Körper, ebenso wie in der Medizin meist die Seele vernachlässigt wird. In der psychoanalytischen Praxis ist es absolut verboten, den Patienten jemals zu berühren – die seelischen Probleme werden von den körperlichen getrennt. Die Einheit von Leib und Seele wird vollkommen außer Acht gelassen. Die klassische Psychoanalyse glaubte zunächst, wie die klassische Physik, dass der Beobachter, also der Therapeut, vom Phänomen, dem Patienten, zu trennen sei und dass er keinen Einfluss auf das Ergebnis habe. Interessanterweise setzt man sich in der psychoanalytischen Praxis über diese Hypothese hinweg, selbst Freud tat das. Aber die Theorie besagt, dass die Phänomene objektiv beschrieben werden können und die Beobachtung dabei nicht eingreift. Der frühe Freud musste seine Theorie so formulieren, um sie mit der klassischen Physik in Einklang zu bringen.

Bis jetzt habe ich nicht über die Rolle des Beobachters gesprochen, aber sie ist in der modernen Physik sehr wesentlich. Sie haben vielleicht gehört, dass man sagt, Elektronen träten als Teilchen (Korpuskel) oder als Wellen auf und ihre Erscheinungsweise hänge davon ab, in welcher Weise das Experiment durchgeführt wird – auf welche Weise die Elektronen auftreten, das können also Sie entscheiden! Wenn Sie ein Elektron sozusagen befragen, wird es Ihnen auf eine Teilchen-Frage eine Teilchen-Antwort geben. Stellen Sie hingegen eine Wellen-Frage, erhalten Sie eine Wellen-Antwort. Das Elektron ist weder ein Teilchen noch eine Welle, es ist irgendetwas außerhalb dieser Alternative, aber in Abhängigkeit vom Beobachter zeigt es Teilchen- oder Wellen-Eigenschaften. Anders ausgedrückt, das Elektron hat keine absoluten Eigenschaften, sondern sie werden vom Beobachter beeinflusst. Auf dieser Ebene können wir nicht über die Natur sprechen, ohne gleichzeitig über uns selbst zu sprechen. Vergleichbares findet sich wiederum in moderneren psychologischen Theorien, und ich werde später noch darauf zu sprechen kommen.

Natürlich wissen Sie alle, dass das psychoanalytische Verfahren in vielen Fällen hilfreich ist, ebenso wie die Newtonsche Physik in vielen Bereichen sehr zweckdienlich ist. Die Frage ist nur: Wo liegen ihre Grenzen? In der Physik müssen wir die klassischen Wege dann verlassen, wenn wir uns in Bereiche begeben, die außerhalb der alltäglichen Erfahrung, außerhalb der uns umgebenden körperlichen Welt liegen. Ebenso müssen wir damit rechnen, dass die Begriffe der klassischen Psychoanalyse abgewandelt werden müssen, wenn wir die entlegeneren Gebiete der Seele erforschen wollen, jene, die außerhalb der alltäglichen Erfahrung liegen. Das gilt insbesondere für mystische und religiöse Erfahrungen, die von Psychologen als „transpersonal" bezeichnet werden. Viele Menschen erleben solche Spontanerfahrungen als überwältigend und beunruhigend. Diese in der Regel sehr rätselhaften Erscheinungen werden in der Psychoanalyse nicht berücksichtigt, und die Patienten werden üblicherweise für psychotisch erklärt, oder man wirft ihnen Realitätsflucht vor. Ihre Erfahrungen stehen im Widerspruch zu allen gängigen Prinzipien der klassischen Wissenschaft und der klassischen Psychoanalyse. Ich will versuchen, Ihnen zu zeigen, dass diese transpersonalen Erfahrungen mit einbezogen werden müssen, wenn die Psychologie in Theorie und Therapie neue Wege gehen will.

Nun will ich mich den Sozialwissenschaften zuwenden, wobei ich mein Hauptaugenmerk auf die Wirtschaftswissenschaften richten werde, auch wenn ich es für schwierig halte, zwischen ökonomischen und politischen Erscheinungen zu unterscheiden. Die heutigen Wirtschaftswissenschaften gehen, wie die meisten anderen Wissenschaften, fragmentarisch vor und sind vor allem am Produkt orientiert. Sie betrachten nicht die Zusammenhänge zwischen den Dingen, sondern bewerten diese einzig und allein nach dem Maßstab des Profits. Alle Waren werden gleich behandelt, ohne zu berücksichtigen, dass sie auf sehr unterschiedliche Weise entstanden sind. Es wird vernachlässigt, ob die Waren von Menschen hergestellt sind oder natürlich vorkommen, ob sie ersetzbar sind oder nicht. Ebenso werden die Beziehung zur Umwelt und die Stellung im Kosmos außer Acht gelassen. Alle Werte werden auf den privaten Profit reduziert. Daher ist es unserem heutigen ökonomischen System eigen, unsere Abhängigkeit von der Natur zu leugnen; es ist zutiefst antiökologisch. Diese Haltung steht in einem scharfen Gegensatz zu den Kulturen, die keine Schrift kennen, und ebenso widerspricht sie dem Sinn der modernen Physik. Diese zwingt uns, die Welt als ein organisches Ganzes zu sehen, in dem alle einzelnen Teile ineinander greifen. Dieses Ganze befindet sich in einem Zustand dynamischen Gleichgewichts. Es erhält sein eigenes Gleichgewicht, reguliert sich selbst und wirkt selbstreinigend. Hier liegt der grundlegende Unterschied zur heutigen Ökonomie und Technologie, die das Prinzip der Selbstbeschränkung nicht kennen. Unsere Wirtschaft beruht auf hoher Produktion und hohem Konsum, und das Vertrauen in das technologische und ökonomische Wachstum steht im Mittelpunkt unserer Kultur. Wachstum gilt grundsätzlich als gut. Der Gedanke, dass Wachstum auch krankhaft sein könnte, wird nicht in Erwägung gezogen. Unser ökonomisches System basiert auf Expansion, auch wenn unbegrenzte Expansion auf einer begrenzten Erde niemals zu einem dynamischen Gleichgewicht führen kann, wie wir es in der natürlichen Umwelt beobachten. Deshalb verhält sich unsere Technologie im fein ausgewogenen System der Natur wie ein Fremdkörper, und tatsächlich sehen wir beginnende Anzeichen von Abstoßung.

Um die Wirkung des Newtonisch-kartesischen Weltbildes zusammenzufassen – und ich habe nur einige Aspekte angesprochen –, können wie sagen, dass die mechanistische und reduktionistische Sicht, die der klassischen Physik und ganz allgemein der westlichen Denkweise zugrunde liegt, auf alle Wissenschaften einen enormen Einfluss entfaltet hat. Die Methode, komplexe Phänomene auf ihre Grundbausteine zu reduzieren und die Mechanismen zu betrachten, die zwischen ihnen wirken, ist in unserer Kultur so tief verwurzelt, dass sie häufig mit der Wissenschaft selbst und mit wissenschaftlichem Verfahren gleichgesetzt wird. Ansichten, Konzepte oder Ideen, die nicht in dieses Gefüge passen, werden entweder nicht ernst genommen, wie im Falle mystischer oder übersinnlicher Phänomene, oder man erklärt sie für psychotisch, wie bei den transpersonalen Spontanerfahrungen. Allerdings lässt sich neuerdings jener kulturelle Wandel beobachten, von dem ich eingangs sprach. Die Physik, die als Musterbeispiel einer strengen Wissenschaft stets allen anderen als Vorbild diente, geht nun über das mechanistische und reduktionistische Weltbild hinaus. Sie führt uns zu einer organischen, ganzheitlichen und ökologischen Sicht, die jener der Mystik, des Übersinnlichen und der Menschen mit transpersonalen Spontanerfahrungen gleicht. Diese Transzendenz wird nicht nur starken Einfluss auf die anderen Wissenschaften haben, sondern sie wird auch therapeutisch und kulturell einigend wirken, wenn alle diese unterschiedlichen Erfahrungen und kulturellen Erscheinungen auf schlüssige Art und Weise zusammengeführt werden.

Die Folgen der neuen Sichtweise für Gesundheit und Gesundheitswesen

Was ist Gesundheit? Gesundheit wurde von der Weltgesundheitsorganisation (WHO) in den späten vierziger Jahren definiert als „Zustand vollkommenen körperlichen, geistigen und sozialen Wohlbefindens und nicht allein das Fehlen von Krankheit oder Gebrechen". Ich bin mit dieser Definition als „Zustand vollkommenen Wohlbefindens" nicht ganz glücklich, denn Gesundheit ist kein Zustand, sondern ein Prozess: Dennoch können wir uns fürs Erste daran orientieren, denn bedeutsam ist, dass die Weltgesundheitsorganisation von einem „vollkommenen körperlichen, geistigen und sozialen Wohlbefinden" spricht. Wenn wir aber diese Definition von Gesundheit als Maßstab nehmen, müssen wir zugeben, dass es in unserer heutigen Gesellschaft kein System der Gesundheitsfürsorge gibt. Das, was wir so nennen, beschränkt sich auf die medizinische

Versorgung, also die Bekämpfung von Krankheiten mit den Mitteln der Medizin nach mechanistischem und reduktionistischem Muster. Innerhalb des weit verzweigten Geflechts der Phänomene, die die Gesundheit beeinflussen, wie z. B. biologische, psychologische, soziale und umweltbedingte Faktoren, beschränkt sich die medizinische Vorgehensweise auf einige physiologische Aspekte. Sie orientiert sich nicht an der Gesundheit, sondern an der Krankheit und nutzt hauptsächlich zerstörerische Techniken – Medikamente, Bestrahlung und Chirurgie – zur Behandlung. Es gibt praktisch keine präventive Gesundheitsfürsorge, abgesehen von einigen präventiven Maßnahmen in Form von Impfungen. Ich behaupte nicht, dass alle Ärzte sich auf diese Weise mit Gesundheit beschäftigen: Es gibt sicher viele Mediziner, die ihr Leben nach dem hippokratischen Eid ausgerichtet haben und unserer in gewisser Weise nostalgischen Vorstellung des guten alten Hausarztes entsprechen. Auf jeden Fall hat das medizinische System – die medizinische Forschung, die medizinische Lehre an den Universitäten, die Abläufe in den Krankenhäusern, die gesamte Struktur medizinischer Einrichtungen – diese reduktionistische Haltung verinnerlicht. Es befasst sich nur mit Teilaspekten der Gesundheit und erreicht daher, nicht ganz überraschend, die eigentliche Gesundheit auch nur am Rande. Tatsächlich stellt häufig genug das System selbst ein Gesundheitsrisiko dar, wie Ivan Illich in seinem Buch „Die Nemesis der Medizin" darstellt.

Nun ist diese mechanistische und reduktionistische Einstellung zu Gesundheit und Gesundheitsfürsorge nicht vereinbar mit dem Weltbild der modernen Physik, die den Kosmos inzwischen als ein Geflecht von miteinander zusammenhängenden, interdependenten Prozessen betrachtet. Das medizinische Modell rühmt sich seiner Wissenschaftlichkeit, aber es orientiert sich an den Vorstellungen einer veralteten Newtonschen Wissenschaft. Daher stellt sich die Frage: Wie können wir das moderne wissenschaftliche Denken nutzen, um zu einer neuen wissenschaftlichen Herangehensweise an das Thema Gesundheit und Gesundheitsfürsorge zu gelangen?

Es zeigt sich, dass wir zu diesem Zweck nicht völliges Neuland betreten müssen, sondern vom Vorbild anderer Gesellschaften lernen können. Ich habe betont, dass das Weltbild der modernen Physik beachtliche Parallelen zur Sichtweise östlicher Kulturen hat. In der indischen, chinesischen und japanischen Kultur bilden die Idee der Leiblichkeit des Menschen und die Sorge um seine Gesundheit seit jeher einen wesentlichen Bestandteil der Naturphilosophie und Spiritualität. Deshalb könnte eine Beschäftigung mit der traditionellen fernöstlichen Medizin für unsere Zwecke ausgesprochen sinnvoll sein. Im Gegensatz zur mechanistisch-reduktionistischen Herangehensweise der westlichen Medizin betrachtet die chinesische den menschlichen Körper vornehmlich in Hinblick auf seine Funktionen. Er wird als ein unteilbares System von zusammenhängenden Komponenten gesehen. Die chinesische Medizin interessiert sich nicht so sehr für die einzelnen Organe des Körpers, sondern vielmehr für ihre Beziehungen untereinander. Es ist offensichtlich, dass diese Betrachtungsweise des menschlichen Körpers der Sichtweise der modernen Physik näher kommt, die zunehmend die Beziehungen, das Zusammenspiel und die Wechselwirkungen für bedeutsam hält. Dieser Eindruck von Ähnlichkeit wird noch dadurch verstärkt, dass die chinesische Medizin wie die moderne Physik realisiert hat, dass jenes Beziehungsgeflecht, mit dem sie sich beschäftigt, seinem Wesen nach dynamisch ist. Der Idealzustand von Gesundheit wird als ein dynamisches Gleichgewicht aller inneren und äußeren Kräfte des Körpers verstanden, die sich in einem ständigen Prozess des Ausgleichs befinden – dieser Ausgleichsprozess wird in der chinesischen Tradition durch das Wechselspiel der ursprünglichen Gegensätze Yin und Yang beschrieben. Der geistige und emotionale Zustand des Patienten ist entscheidend für dieses Gleichgewicht, weil die Funktionen von Körper und Geist nur als unterschiedliche Aspekte ein und desselben Systems angesehen werden. Darüber hinaus wird der menschliche Organismus in seiner Beziehung zum gesamten Kosmos betrachtet. Um ihn im Gleichgewicht zu halten, muss das Umfeld des Patienten mit einbezogen werden. Darunter verstehen die Chinesen nicht nur die physische Umwelt, die den Organismus durch Ernährung, Klima usw. beeinflusst, sondern auch seine emotionale, seelische, soziale und geistige Umgebung usw. Der ideale Arzt ist nach östlichem Verständnis daher ein Weiser, der die verschiedenen Abläufe in einen kosmischen Zusammenhang stellt. Ein solcher Mediziner bzw. eine solche Medizinerin behandelt jeden Patienten auf individuelle Weise: Die Diagnose besteht nicht darin, dem Patienten eine bestimmte Krankheit zuzuschreiben, sondern so weit wie möglich seinen körperlichen und geistigen Gesamtzustand sowie seine Beziehung zur physischen und gesellschaftlichen Umwelt zu erfassen. Es liegt auf der Hand, dass eine solche ganzheitliche, ökologische Betrachtungsweise den Akzent auf die Gesundheitsvorsorge legt, und tatsächlich ist es das Hauptanliegen chinesischer Ärzte, Patienten davor zu bewahren, ihr Gleichgewicht zu verlieren und krank zu werden. In der westlichen Medizin hingegen bleibt nur wenig Raum für Prävention, solange eine beschränkte Sicht die Wechselwirkungen zwischen Körper, Geist und Umwelt unberücksichtigt lässt.

Ich bin allerdings, und darauf lege ich Wert, nicht der Ansicht, dass wir unsere Medizin durch die chinesische ersetzen sollten. Meines Erachtens sollten wir unsere schmalspurige, bruchstückhafte und mechanistische Vorstellung von Medizin zu einer umfassenderen ganzheitlichen und ökologischen Auffassung ausweiten, wie sie in den östlichen Traditionen vorherrschend ist.

Die Wiederherstellung des dynamischen Gleichgewichts

An dieser Stelle möchte ich mit Ihnen ein Bild von Gesundheit und Gesundheitsfürsorge entwickeln, das mit der modernen Physik und einer Medizin nach chinesischem Muster in Einklang steht. Beginnen will ich mit der Idee, dass Gesundheit dann gegeben ist, wenn ein Zustand dynamischer Balance innerhalb der verschiedenen Aspekte eines Organismus sowie zwischen ihm und seiner Umwelt besteht. Die unterschiedlichen Aspekte und Anzeichen für ein solches Gleichgewicht müssen erforscht werden, und es müssen Methoden entwickelt werden, ein Ungleichgewicht zu erkennen, bevor Symptome auftreten. Die Aufgabe des Heilenden oder Therapeuten wird dann darin bestehen, einer Person dabei zu helfen, ihre (oder seine) Balance aufrechtzuerhalten oder wiederzugewinnen. Ein wesentlicher Aspekt dieser dynamischen Balance besteht auch nach Auffassung der chinesischen Medizin in der Erkenntnis, dass sich der gesunde Organismus in einem Zustand der Homöostase, also des physiologischen Gleichgewichts der Körperfunktionen, befindet. Das bedeutet, dass er danach strebt, in einen ausgeglichenen Zustand zurückzukehren, sobald dieser durch eine Störung verlassen wurde – der Organismus hat von Natur aus die Tendenz, im Gleichgewicht zu bleiben. Ist diese Balance gestört, muss der Therapeut lediglich eine Reaktion auslösen. Der Organismus begreift, dass eine Krankheit nur durch seine eigenen Selbstheilungskräfte überwunden werden kann. Der Therapeut oder Heilende kann die (Selbst-) Heilungskräfte nur unterstützen und die günstigsten Bedingungen schaffen, damit der Prozess der Gesundung einsetzen kann. Und tatsächlich ist dies die ursprüngliche Bedeutung des Wortes „Therapeut", das sich vom griechischen „*therapeuein*" = „pflegerisch begleiten" ableitet. Der Therapeut ist von daher nur ein Begleiter oder Helfer, der Patient heilt sich selbst.

Bei der genaueren Untersuchung dieses dynamischen Gleichgewichts erscheint es sinnvoll, beim Menschen drei – allerdings wesentlich miteinander zusammenhängende – Aspekte zu unterscheiden und daraus erste begriffliche Ansätze für eine ganzheitliche Betrachtungsweise zu gewinnen. Diese drei wesentlich miteinander verbundenen Aspekte sind der Körper, die Seele – hierunter fasse ich das Bewusstsein, die Gefühle sowie das individuelle und transpersonale Unbewusste – und die Umwelt, worunter für mich die physische, emotionale, gesellschaftliche, politische, kulturelle und kosmische Umwelt fallen. Der ganzheitliche Ansatz im Gesundheitswesen wird darin bestehen, das dynamische Gleichgewicht zwischen all diesen Kräften zu wahren oder wiederherzustellen, und in diesem Zusammenhang spreche ich von einem ganzheitlichen Gesundheitswesen. (Mir gefällt das Wort „ganzheitlich" nicht besonders. Ich hoffe, wir können bald darauf verzichten und von einem Gesundheitswesen sprechen, wie es wirklich sein sollte.) Echte Gesundheitsfürsorge wird dann darin bestehen, dass sich die Menschen mit der Hilfe von Therapeuten um ihre individuelle Gesundheit und die Gesundheit der Gemeinschaft selbst kümmern.

Lassen Sie uns zuerst über die individuelle Gesundheitsfürsorge sprechen. Hierbei steht die Erkenntnis im Mittelpunkt, dass der Einzelne selbst dafür verantwortlich ist, seine Gesundheit im Gleichgewicht zu erhalten. Wie ich schon gesagt habe, assistiert der Therapeut dem Patienten dabei nur und überprüft die unterschiedlichen Seiten des Ungleichgewichts. Das steht in scharfem Kontrast zur gegenwärtigen Haltung, bei der die Verantwortung auf den Arzt und die Medikamente verlagert wird. Die etablierte Medizin und die pharmazeutische Industrie sind natürlich darauf aus, die bestehenden Verhältnisse aufrechtzuerhalten. Sie sorgen dafür, dass die Aura, die den Stand des Arztes umgibt, erhalten bleibt, indem lateinische Begriffe verwendet werden und der Patient dazu gebracht wird, sich immer stärker auf Medikamente zu verlassen. Was ich hier beschreibe, beruht auf zahlreichen Diskussionen, die ich im Zusammenhang mit meinen Vorlesungen geführt habe, sowie auf Gesprächen mit Angehörigen medizinischer Berufe, mit Krankenschwestern, verschiedenen Therapeuten, Heilern und Ärzten.

Durch die Haltung des etablierten Gesundheitssystems hat sich im öffentlichen Bewusstsein das Bild vom menschlichen Körper als Maschine festgesetzt, die zu ständigem Versagen neigt, sofern sie nicht von Ärzten überwacht und mit Medikamenten behandelt wird. Der Gedanke, dass der Körper über natürliche Selbstheilungskräfte und die Tendenz, gesund zu bleiben, verfügt, ist nicht weit verbreitet, und die Menschen werden nicht dazu ermuntert, Vertrauen in den eigenen Organismus zu entwickeln. Der philosophische Irrtum, der dieser Denkweise zugrunde liegt, ist wieder der kartesische Dualismus und die daraus resultierende

Neigung, den eigenen Körper als Maschine zu betrachten und die eigene Person mit dem Geist und nicht mit dem gesamten Organismus gleichzusetzen. Die pharmazeutische Industrie, deren vorrangiges Interesse nicht darin liegt, Menschen gesund zu erhalten, sondern ihnen Produkte zu verkaufen, sorgt mit ihrem starken Einfluss dafür, dass dieser Irrtum fortbesteht.

Wie sollte die Gesundheitsfürsorge des Einzelnen dann beschaffen sein? Nun, inwieweit ein Mensch gesund ist, wird vor allem durch sein Verhalten, seine Ernährung und die Beschaffenheit seiner Umwelt bestimmt. Das sind alles Faktoren, auf die wir in gewisser Weise Einfluss haben. Es dürfte klar sein, dass die gesundheitlichen Hauptprobleme in unserer Kultur eine direkte Folge unseres Verhaltens und unserer Lebensumstände sind. So werden z. B. Herzerkrankungen und Schlaganfälle mit Ernährung, Rauchen und Bewegungsmangel in Zusammenhang gebracht. Ebenso ist Krebs abhängig von Ernährung, Rauchen und vielleicht sogar noch stärker von der Art und Weise, wie wir mit Stress umgehen. Lebererkrankungen werden durch exzessiven Alkoholmissbrauch begünstigt, und ebenso ist exzessives Trinken verantwortlich für die meisten Toten und Verletzten bei Autounfällen. Diese Liste lässt sich für alle häufig auftretenden Krankheiten weiterführen. Es steht in der Macht und der Verantwortung jedes Einzelnen, die eigene Gesundheit zu erhalten, indem hinsichtlich Schlafgewohnheiten, Ernährung, Bewegung, Alkohol, Rauchen usw. bestimmte einfache Verhaltensregeln beachtet werden, an die uns schon unsere Mütter und Großmütter immer wieder erinnert haben!

Warum halten wir uns nicht daran? Warum kümmern wir uns nicht in dieser Weise um unsere Gesundheit? Nun, zuallererst wohl wegen der dem Menschen eingeborenen

Nachlässigkeit und Trägheit, aber es gibt noch andere Ursachen, etwa den Mangel an Kenntnissen infolge unzulänglicher Erziehung und die Allmacht der Werbung. Zum zweiten besteht ein mangelndes Interesse am öffentlichen Gesundheitswesen, eine Folge der Vorherrschaft des etablierten Systems, das auf bedenkliche Weise an einer kostenintensiven, krankenhaus- und medikamentenorientierten Medizin festhält. Daraus ergibt sich, dass individuelle Verantwortung von gesellschaftlicher Verantwortung begleitet sein muss und dass die ganzheitliche Gesundheitsfürsorge des Einzelnen auf eine ganzheitliche Gesundheitspolitik angewiesen ist. Wir können vom Einzelnen nicht erwarten, dass er oder sie gegen die Interessen einer übermächtigen Pharmaindustrie, gegen das Erziehungswesen und das übrige Gesundheitssystem kämpft. Deshalb kann in meinen Augen ein ganzheitliches Gesundheitswesen ohne gesellschaftliche und politische Aktivitäten nicht erreicht werden.

Wir kommen damit also zur Gesundheitspolitik und zur gesellschaftlichen Gesundheitsfürsorge. Ich will kurz die Ziele einer ganzheitlichen Gesundheitspolitik skizzieren, indem ich zusammenfassend darstelle, welchen Einfluss unsere reduktionistische, antiökologische Wirtschaft und Technologie auf unsere Gesundheit haben. Zum einen hat der uneingeschränkte Einsatz von Technik eine ungesunde Umwelt geschaffen, durch die der Organismus einem ungeheuren physischen und psychischen Druck ausgesetzt ist. Zum anderen hat die Abhängigkeit unserer Gesellschaft von fortgesetztem wirtschaftlichem Wachstum eine Situation geschaffen, in der die Profitmaximierung mehr zählt als alles andere und sogar über die Gesundheit des Verbrauchers gestellt wird. Daraus resultiert, dass die meisten Waren, die in unserem Wirtschaftssystem produziert werden, eine direkte Gefahr für unsere Gesundheit darstellen. Da gibt es z. B. unsere Nahrungsmittelindustrie, die ungesunde Lebensmittel herstellt und vertreibt, die Arbeitsbedingungen lassen sich anführen, gefährliche Autos, gefährliche Straßensysteme. Diese Aufzählung lässt sich mit den verschiedensten Waren weiterführen. Die Situation erscheint umso bedrohlicher, als das medizinische System nicht in der Lage ist, den menschlichen Organismus in seinem ganzen physischen, psychischen und sozialen Kontext zu sehen und sich mit Gesundheit in einer ganzheitlichen Weise zu beschäftigen. Deshalb muss eine derartige Gesundheitspolitik zweigleisig fahren. Einerseits muss sie Einfluss auf Wirtschaft und Technologie nehmen, um zu verhindern, dass weitere Risiken für unsere Gesundheit erzeugt oder hervorgerufen werden. Andererseits muss sie das bestehende System der medizinischen Versorgung so verändern, dass sich daraus ein System tatsächlicher Gesundheitsfürsorge entwickeln kann.

Lassen Sie mich nun zum dritten Aspekt des Gesundheitswesens, zur ganzheitlichen Behandlung, kommen. Ich denke, dass es das erste und wichtigste Ziel einer solchen Therapie sein muss, dem Patienten bewusst zu machen, dass er sich in einem Ungleichgewicht befindet, d. h., er muss lernen, seine Probleme in einem größeren Zusammenhang zu sehen. Dieser kann körperlicher Natur sein – es kann sich um Ernährung, Lebensführung usw. handeln –, oder es geht um emotionale Zusammenhänge wie Stress oder soziale Beziehungen. Die politische Situation kann eine Ursache sein, etwa wenn der Patient einer in dieser oder jener Hinsicht unterdrückten Minderheit angehört – eine extreme Belastung und Einschränkung seiner Möglichkeiten. Natürlich kann es sich auch um eine Kombination all dieser Gesichtspunkte handeln.

Indem man erkennt, dass diese Probleme in ein Umfeld eingebettet sind, entdeckt man auch das Netz von Mustern, die in einem Wechselspiel zueinander stehen. Diese Erkenntnis an sich wirkt heilend, eine isolierte Betrachtung des Problems hingegen nicht. Dieser letztgenannte Aspekt gilt besonders beim Krebs, der gern mit einem Alptraum verglichen wird – er bricht ohne ersichtlichen Grund über einen Menschen herein, der sich nicht dagegen wehren kann und nicht weiß, wie lange es dauern wird. Doch so erscheint der Krebs nur bei einer isolierten Betrachtungsweise. Wenn man die Krankheit in Gesamtzusammenhänge einordnet, kann man erkennen, in welcher Beziehung sie zu emotionalem Stress, zur Lebensführung usw. steht. Auf diese Weise entsteht Hoffnung, sie bekämpfen zu können, indem man die Bedingungen verändert.

So gelangen wir dahin, dass der Sinn der ganzheitlichen Therapie darin besteht, dem Patienten aufzuzeigen, in welchem größeren Kontext seine körperlichen oder seelischen Probleme stehen. Wir haben kein begriffliches Gerüst, auf das wir uns bei dieser Art der Behandlung stützen können, keine einheitliche Theorie zur Erklärung und zum Verständnis jener verschiedenen Aspekte menschlichen Lebens, die für die Gesundheit von Bedeutung sind. Immerhin gibt es verschiedene Modelle und Techniken, darunter natürlich auch solche aus der herkömmlichen Medizin, die mit einigen Aspekten erfolgreich umgehen kann. Mein Vorschlag geht dahin, dass wir uns dem Thema nach einem ähnlichen Verfahren wie in der modernen Physik nähern, dem so genannten *bootstrap*-Ansatz. Bei diesem „Schnürsenkel"-Verfahren werden mehrere ineinander greifende Modelle entwickelt, die zwar miteinander vereinbar sind, jedoch mit unterschiedlichen Techniken und Herangehensweisen an verschiedene Phänomene einhergehen. Diese

Modelle sollen jeweils sowohl die grundlegenden Beziehungen zwischen den einzelnen Erscheinungen als auch ihre dynamische Natur wiedergeben. Die Rolle des Therapeuten oder medizinisch Tätigen besteht dann darin herauszufinden, welches Modell oder welche Herangehensweise im jeweiligen Einzelfall angemessen ist. Meiner Meinung nach sollte ein praktischer Arzt sowohl auf der körperlichen als auch auf der psychischen Ebene therapeutische Fertigkeiten besitzen, die ihn befähigen, die meisten Probleme in der gesundheitlichen Grundversorgung abzudecken. Patienten mit schwerwiegenderen Problemen werden Spezialisten überwiesen. Das können Fachleute für körperliche oder seelische Therapie bzw. Sozialarbeiter sein.

Ein derartiges Gesundheitswesen steht im Gegensatz zum existierenden System, das die gesundheitliche Grundversorgung vernachlässigt und Spezialisten ausbildet, die nur auf der körperlichen oder psychischen Ebene arbeiten, die Beziehung zwischen Leib und Seele jedoch kaum berücksichtigen. Ärzte verlassen sich überwiegend auf Medikamente und verwenden faktisch kaum Zeit darauf, ihre Patienten zu beraten und ihnen Mut zuzusprechen. Inzwischen bemühen sich allerdings wieder viele Ärzte darum, dies zu tun, nicht nur die alten Hausärzte, sondern auch viele junge Mediziner, die etwas Neues probieren wollen. Sie versuchen, sich für Beratung oder psychologische Betreuung Zeit zu nehmen, aber in dieser Hinsicht handeln sie als Laien, denn niemand hat sie darin unterwiesen. Man hat sie gelehrt – so sind zumindest meine Erfahrungen aus Gesprächen mit jungen amerikanischen Ärzten –, dass bei Krankheiten auch psychologische Faktoren mitspielen, aber sie wissen nicht, wie man mit diesen Faktoren umgeht. Man hat ihnen die psychologischen oder psychotherapeutischen Fertigkeiten nicht beigebracht, ebenso wenig wie etwa Kenntnisse über Ernährung. Als ich einen Arzt, mit dem ich befreundet bin, fragte: „Was hast du im Medizinstudium über Ernährung gelernt?", antwortete er: „Nichts. An diesem Tag habe ich gefehlt." Eine typische Antwort. Deshalb ist es so ungeheuer wichtig, Leib und Seele, die Behandlung des Körpers und der Seele als Einheit zu betrachten, und das bringt mich zurück zur Psychologie.

Der Behaviourismus und der Geist

Ich habe bereits dargelegt, in welcher Beziehung die klassische Psychologie und die klassische Psychotherapie zur klassischen Physik stehen. Der Erste, der der Pyschologie neue Bereiche erschloss, war Carl Gustav Jung; seine Gedankenwelt steht der modernen Physik sehr viel näher als die seiner Vorgänger. Jungs Vorstellung eines „kollektiven Unbewussten" stellt einen Zusammenhang zwischen dem Individuum und der Menschheit als Ganzem her – oder gar eine Verbindung zwischen dem Individuum und dem gesamten Kosmos. Ein solcher Zusammenhang kann innerhalb des mechanistischen Denkrahmens nicht untersucht werden. Jung war sich der Tatsache wohl bewusst, dass wir die Grenzen der Rationalität überschreiten müssen, wenn wir uns mit dem Unbewussten beschäftigen und in diese neuen Bereiche vordringen wollen. Das kollektive Unbewusste und seine Leitbilder, die Archetypen, können nicht genau definiert werden. In einer weiteren Hinsicht geht die Jungsche Psychologie über Freud hinaus, nämlich in der Vorstellung, dass die Psyche ein dynamisches System psychischer Energie darstellt, die als „Libido" zwischen entgegengesetzten Polen fließt. Dieser Gedanke kommt der Akzentuierung des dynamischen Gleichgewichts in der modernen Physik ebenso nahe wie chinesischen Vorstellungen von Leib und Seele. Außerdem legte Jung großen Wert auf die wechselseitige Beziehung zwischen Therapeut und Patient, wie folgendes Zitat belegt: „Keinerlei Vorkehrung kann die Behandlung zu etwas anderem gestalten als zu einem Produkt wechselseitiger Beeinflussung, bei der das ganze Sein des Arztes ebenso eine Rolle spielt wie das des Patienten."

In jüngerer Zeit haben viele Psychologen damit begonnen, sich eher mit ganzheitlichen psychologischen Mustern oder *Gestalt* zu beschäftigen als mit den zuvor postulierten psychischen Elementen. Ebenso wenig wie man einen körperlichen Organismus vollständig begreifen kann, indem man ihn in seine Teile zerlegt und diese dann analysiert, lassen sich die Eigenschaften und Funktionen der Seele verstehen, wenn man sie auf ihre einzelnen Bestandteile reduziert – dem trägt der Gestaltgedanke Rechnung. Eine solche fragmentierte Sicht auf die Psyche oder eine fragmentierte seelische Erfahrung verstellt nicht nur den Blick auf ihre Funktionen, sie ist häufig gerade die Ursache für pathologische Erscheinungen. Deshalb sollte eine ganzheitliche Psychologie die Einheit und das Wechselspiel der drei Aspekte, die ich zuvor angeführt habe, berücksichtigen, nämlich des Körpers, der Seele und der Umwelt.

Wie also wird eine neue Psychologie beschaffen sein? Wir müssen uns noch einmal daran erinnern, dass sich die Wirklichkeit nur mit einer Reihe begrenzter, sich ihr annähernder Modelle rational erfassen lässt. Die Psychotherapie verwendet rationale Modelle, kann aber auch über sie hinausgehen. Denn die psychotherapeutische Praxis bezieht, wie Jung und andere Psychologen nach ihm betont haben, auch das Unbewusste mit ein – der Therapeut ist auf ein genaue, rationale Theorie nicht notwendigerweise angewiesen. Auch in diesem Fall erscheint es allerdings zweckmäßig, ein angenähertes Modell der Psyche zu haben. Und daher sollte das Verfahren, das ich an früherer Stelle vorgeschlagen habe, auch auf die Psychologie angewendet werden: Je nach Patient und Erscheinung sollte man sich von anderen Vorstellungen und Modellen leiten lassen.

So wie in der Physik je nach Dimension oder Erscheinung ein anderes Modell gültig ist, so lassen sich verschiedene psychologische Modelle auf verschiedene Formen des Bewusstseins anwenden. Zum Beispiel können die üblichen Formen des Bewusstseins mit den Mitteln des Behaviourismus beschrieben werden – grobe Verhaltensmuster lassen sich als Ursache-Wirkungs-Kette fassen. Je mehr wir ins Detail gehen, desto stärker fallen Wechselwirkungen und Zusammenhänge ins Gewicht, und desto komplizierter werden die Dinge. Ich gebe Ihnen ein einfaches Beispiel. Wenn Sie die Temperatur in diesem Raum kontinuierlich erhöhen, werde ich irgendwann mein Jackett ausziehen, weil es mir zu warm ist. Man kann sagen, das sei nichts anderes als ein (bestimmtes) Verhalten – die Temperatur geht nach oben, der Mann zieht sein Jackett aus, weil ihm warm wird. Aber Sie können auch ein wenig genauer sein und fragen, wann er denn nun wirklich sein Jackett auszieht. Sie können davon ausgehen, dass er in einer bestimmten Kultur aufgewachsen ist, in der es üblich ist, einen Anzug zu tragen, wenn man eine Vorlesung hält. Es ist nicht angebracht, während einer Vorlesung das Jackett abzulegen, und deshalb wird er noch eine gewisse Zeit verstreichen lassen, bis es ihm dann endgültig zu warm ist. Wann genau dieser Zeitpunkt erreicht ist, hängt von seiner Erziehung und von seinem Erfahrungshintergrund ab. Vielleicht hat es auch etwas damit zu tun, was am letzten Abend geschehen ist oder welche Erinnerungen sich damit verknüpfen.

Wenn man auf diese Weise fortfährt, stellt sich heraus, dass alle feineren Bereiche der Psyche mit hineinspielen. Also lässt sich als erste grobe Annäherung der Behaviourismus verwenden, dann zum Beispiel das Freudsche Verfahren, gefolgt von immer weiter verfeinerten Vorgehensweisen.

Verschiedene Psychologen, die sich mit diesen unterschiedlichen Verfahren und Modellen beschäftigen, halten es für sinnvoll, drei Ebenen der Psychotherapie zu unterscheiden, nämlich die Ich-Ebene, die man als Freudsche Ebene bezeichnen kann, die existenzielle Ebene, die mit den Phänomenen von Tod und Geburt verbunden ist, und die transpersonale Ebene, auf der individuelle Probleme in ihrem kosmischen Zusammenhang betrachtet werden. Die meisten tagtäglichen Probleme werden auf der Ich-Ebene gelöst, und die Freudschen Techniken erweisen sich hier häufig als zweckmäßig. Andere erfordern Arbeit auf der existenziellen Ebene, und viele grundlegende existenzielle Probleme können nur auf der transpersonalen Ebene bewältigt werden.

Daraus ergibt sich, dass der Therapeut, wenn er sich die therapeutische Wirkung transpersonaler Erfahrung oder transpersonalen Bewusstseins zu Nutze machen will, mit dieser Art der Erfahrung vertraut sein muss und dass er ein grundlegendes Vertrauen in diese Art der Erfahrung vermitteln kann. Dieses Vertrauen wird im Wesentlichen nonverbal weitergegeben und ist davon abhängig, in welchem Maße der Therapeut selbst „erleuchtet" ist. Hier gelangen wir an die Grenze zwischen dem Therapeuten und dem Guru – oder, wenn Sie so wollen, zwischen dem Therapeuten und dem Weisen. Die rationalen Mittel der Psychotherapie sind nützliche Werkzeuge, wenn sie eine Verankerung in der eigenen transpersonalen Erfahrung des Therapeuten finden.

Damit komme ich zum Schluss meiner Ausführungen. Ich habe darzustellen versucht, in welcher Weise ein kulturelles und philosophisches Ungleichgewicht, eine Überbetonung der Yang- oder männlichen Werte zu einer reduktionistischen und mechanistischen Wirklichkeitsauffassung geführt haben. Dieses Weltbild war zunächst ausgesprochen erfolgreich, dann wurde es weit über die Grenzen seiner Anwendbarkeit hinaus bis zu einem Punkt ausgeweitet, dass es dazu beitrug, eine materielle und gesellschaftliche Umwelt zu schaffen, die unsere Gesundheit und unser Wohlbefinden, möglicherweise sogar unser Überleben bedroht. Ich habe mich mit diesem Trend unserer Kultur aus der Sicht des Physikers befasst. Die klassische Newtonsche Physik lieferte die wissenschaftliche Basis für das reduktionistische, mechanistische Weltbild, und sie wurde zum Vorbild für alle anderen Wissenschaften. Die Physik des zwanzigsten Jahrhunderts hat auf dramatische Weise die Grenzen der Newtonschen Betrachtungsweise aufgezeigt. Sie hat die hergebrachte mechanistische und reduktionistische Vorstellung vom Universum hinter sich gelassen und eine ganzheitliche, ökologische Sichtweise erreicht, wie sie den Mystikern aller Zeiten und aller Kulturen zu eigen war. Deshalb glaube ich, dass die moderne Physik eine bedeutende Rolle spielen kann, wenn es darum geht, die notwendigen sozialen und kulturellen Veränderungen zu bewirken; denn es wird einfacher sein, unsere Institutionen von dieser Notwendigkeit zu überzeugen, wenn wir unseren Argumenten eine wissenschaftliche Basis geben können. Hierbei wird es von entscheidender Bedeutung sein, ganz klar zu erkennen, dass sich im Verhalten der Wissenschaftler, Ärzte, Ökonomen, Manager usw. bei aller Unterschiedlichkeit ihres Vorgehens gerade das unausgeglichene, Yang-orientierte Weltbild widerspiegelt, das wir überwinden müssen. Es genügt nicht und hat wenig Langzeitwirkung, sie dafür anzugreifen, also den Ärzten ihr eingeschränktes Verständnis von Krankheit vorzuhalten, Politiker dafür zu kritisieren, dass sie rassistische oder sexistische Anschauungen verteidigen, oder Pharmakonzerne wegen ihrer exzessiven Profitsucht zu attackieren, die zu Lasten der Gesundheit des Einzelnen geht. Wir müssen zeigen, dass sich in ihrem Verhalten die Haltung unserer gesamten Kultur spiegelt und dass beidem, ob bewusst oder unbewusst, dieselben philosophischen Irrtümer zugrunde liegen – und wir müssen erkennen, dass wir alle darin gefangen sind. Die Gesellschaft oder das System besteht nicht aus einigen bösen Menschen „da oben", sondern aus uns allen, und wir alle müssen uns ändern.

Die kosmische Blaupause: Selbstorganisierende Prinzipien der Materie und des Geistes

Paul Davies

Bevor er sich von seiner Professur freistellen ließ, um sich ganz dem Schreiben zu widmen, lehrte Paul Davies Naturphilosophie an der Universität von Adelaide. Zuvor war er Inhaber des Lehrstuhls für theoretische Physik an der Universität Newcastle. Davies hat in London promoviert, wo er sechs Jahre als Mathematikdozent tätig war. Er hat in der Quantenfeldtheorie über Raum-Zeit-Krümmung geforscht und eine Reihe von Quanteneffekten untersucht, die in Verbindung mit Schwarzen Löchern und in den sehr frühen Stadien des Urknalls auftreten. Er beschäftigt sich mit philosophischen Problemen der modernen Physik und mit der Möglichkeit einer umfassenden, einheitlichen Theorie der Grundlagenphysik. Davies war als Berater für Nature *und* The Economist *tätig und arbeitet als wissenschaftlicher Lektor für Cambridge University Press. Zu seinen populären Büchern gehören* Am Ende ein neuer Anfang, Mehrfachwelten, Gott und die moderne Physik, Die Urkraft, Prinzip Chaos, Auf dem Weg zur Weltformel, Der Plan Gottes *und* Die Unsterblichkeit der Zeit. *Der folgende Vortrag wurde 1988 im Rahmen der Mystics and Scientists Conference gehalten.*

In seinem Buch *Der Mensch im Kosmos* schreibt Teilhard de Chardin:

„Das moderne Denken ließ sich vom Reiz der Analyse so weit verführen, daß es schließlich auf Irrwege geriet; jetzt gewöhnt es sich endlich wieder daran, auf die evolutionistisch-schöpferische Funktion der Synthese zu achten. Es beginnt zu sehen, daß das Molekül sicher *mehr* enthält als das Atom, die Zelle *mehr* als die Moleküle, das Soziale *mehr* als das Individuelle, die mathematische Konstruktion *mehr* als Berechnungen und Theoreme ... Auf jeder höheren Kombinationsstufe – dies geben wir heute meistens zu – *strebt etwas,* das nicht auf isolierte Elemente zurückgeführt werden kann, zu einer neuen Ordnung *auf.*" (S. 262)

„Etwas im Kosmos", fährt er fort, „entgeht der Entropie, und es wird mehr und mehr." Als diese Worte niedergeschrieben wurden, war die Wissenschaft noch stark reduktionistisch orientiert. Die darin formulierten Ansichten über einen sich entwickelnden, fortschreitenden und kreativen Kosmos waren zwar für die Philosophie oder Theologie nicht besonders neu, aber doch recht ketzerisch, was die Physik, Kosmologie und Biologie betraf. Heute allerdings, nach dem Aufstieg der so genannten modernen Physik und der neuen Kosmologie, erscheinen sie nicht mehr so ketzerisch, und am heutigen Abend möchte ich den Nachweis führen, dass Teilhards Glaube an einen schöpferischen, fortschreitenden Kosmos sich zuletzt doch als richtig erwiesen hat.

Der kreative Kosmos und der zweite Hauptsatz der Thermodynamik

Um zu verstehen, warum die Vorstellung eines sich fortentwickelnden Kosmos in der Wissenschaft mit einem Bann belegt war, muss man in das Jahr 1857 und zu dem deutschen Physiker Hermann von Helmholtz zurückgehen. Auf der Basis des von ihm so genannten zweiten Hauptsatzes der Thermodynamik – ich sage „von *ihm* so genannten", denn viele haben dazu beigetragen, ihn zu formulieren – verkündete er, dass das Universum sterben werde. (Er benutzte eine andere Formulierung, aber das war gemeint.) Diesem zweiten Hauptsatz der Thermodynamik entsprechend erlebt der gesamte Kosmos einen unumkehrbaren Niedergang in einen Zustand totaler Unordnung, der allgemein als „Wärmetod" bezeichnet wird.

Die Prophezeiung eines Wärmetodes hat auf eine ganze Generation von Philosophen und Wissenschaftlern starken Einfluss ausgeübt und sie ernsthaft bedrückt. Ein typisches Beispiel dafür ist Bertrand Russell, der 1903 in seinem Buch *Warum ich kein Christ bin* auf diese niederschmetternde Vorhersage entgegnete:

„Alles, was jemals geschaffen wurde, alle Hingabe und Inspiration, all das Strahlen des menschlichen Genius auf seinem Zenit sind dazu bestimmt, mit dem unermesslichen Tod des Sonnensystems ausgelöscht zu werden, und der ganze Tempel menschlicher Vollendung muss unausweichlich unter den Trümmern eines in Ruinen liegenden Universums begraben werden. Nur im Gerüst dieser Wahrheiten, nur auf der festen Grundlage unbeugsamer Verzweiflung lässt sich für die Seele ein sicheres Haus bauen."

Wie Sie sehen, gefiel ihm diese Aussicht überhaupt nicht.

Lassen Sie mich ein paar Worte über diesen „trostlosen" zweiten Hauptsatz der Thermodynamik verlieren. Ich will das anhand eines sehr einfachen und bekannten Beispiels tun: Humpty Dumpty aus Lewis Carrolls „Alice im Spiegelland". Er hatte sich selbst so sehr in Unordnung gebracht, dass er auch unter Einsatz aller Pferde und Männer des Königs nicht wiederhergestellt werden konnte. Was ihm geschah, ist ein Beispiel für das, was Physiker eine irreversible Zustandsänderung nennen. Der zweite Hauptsatz der Thermodynamik stützt sich auf Untersuchungen irreversibler Prozesse, und wir können viele Beispiele dafür um uns herum finden, Beispiele dafür, wie physikalische Systeme von einem Zustand in einen anderen übergehen, aber den ursprünglichen nicht wiederherstellen können. Die zusammenfassende Betrachtung solcher irreversibler Vorgänge läuft darauf hinaus, dass die späteren Zustände die Tendenz haben, sich stärker in Unordnung zu befinden als die früheren. Quantativ ausgedrückt: Sie haben eine „höhere Entropie". Überträgt man dies auf das Universum als Ganzes, dann gelangt man zu jener Aussage von Helmholtz, wonach das Universum jeden Tag ein bisschen chaotischer werde. Nun, das wissen wir aus Erfahrung! Der springende Punkt ist, dass es sich dabei um einen Prozess handelt, der zeitlich nur in eine Richtung verläuft und als so genannter Zeitstrahl der Welt, d. h. dem Universum als Ganzem, eingeschrieben ist. Auf diese Weise unterscheiden wir die Vergangenheit von der Zukunft, und zwischen beiden besteht ein wesentlicher Unterschied, denn tatsächlich gilt für fast alle Phänomene, die wir in der Welt beobachten, dass sie nur in einer Zeitrichtung ablaufen können. Das bedeutet, auf den Kosmos als Ganzes bezogen, dass er alles in allem abbaut, dass er degeneriert.

Um dies genauer in Augenschein zu nehmen, kann man den Begriff der „nutzbaren Energie" heranziehen. Zwar ist viel von einer Energiekrise die Rede, doch die meisten Menschen wissen nicht, dass Energie erhalten bleibt, man kann sie nicht verlieren. Das Problem besteht vielmehr darin, dass sie von einer Form in eine andere übergeht und man die Kontrolle über sie verliert. Bei der viel diskutierten „Krise" geht es daher nicht um Energie als solche, sondern um „nutzbare" oder „beherrschbare" Energie. Der zweite Hauptsatz der Thermodynamik besagt, dass diese Form der Energie nach und nach in Wärmeenergie umgewandelt und im ganzen Universum verstreut wird und dann nicht mehr nutzbar ist. Demzufolge handelt es sich um einen Abbau des Vorrats an nutzbarer Energie, und dieser Abbau betrifft das gesamte Universum. Ständig laufen im Universum makroskopische Vorgänge ab, bei denen Energieniveaus aneinander angeglichen werden und die schließlich zum Wärmetod führen, der eintritt, wenn keine nutzbare Energie mehr übrig ist – alles kommt von Grund auf zum Stillstand und nichts Weiteres von Bedeutung geschieht. Das war die hoffnungslose, aber offenbar ganz sichere Vorhersage, die sich aus der Wissenschaft der Thermodynamik ergab und die den Hintergrund für alle modernen kosmologischen Ideen bildete. Das Universum mag einen Ursprung gehabt haben, den wir heute Urknall nennen, aber es degeneriert und wird schließlich irgendeines Todes sterben. Und das war die These, unter deren Einfluss Bertrand Russell stand.

Alternative Welten

Die Wissenschaft der Thermodynamik entstand im neunzehnten Jahrhundert. Vorher entsprach das Bild, das die Physiker vom Universum hatten, dem eines Uhrwerks; danach funktionierte der gesamte Kosmos wie ein einziger Mechanismus. Jedes einzelne Teilchen, sei es auch noch so klein, war nur ein Bestandteil einer gigantischen Maschine, die sklavisch genau einem vorherbestimmten Pfad der Entwicklung folgte. Nach diesem Bild des Universums geschah nichts wirklich Neues, es kam höchstens zu einer Neuordnung der Teilchen. Die Zeit wurde in diesem Zusammenhang auf einen bloßen Parameter reduziert, oder, wie Prigogine es formulierte: „Gott ist nichts weiter als ein Archivar, der die Seiten eines kosmischen Geschichtsbuches umblättert, das längst geschrieben ist."

Am Anfang war da also das Uhrwerk namens Universum – eine sehr sterile Vorstellung –, und durch die Behauptung, die Helmholtz aufgestellt hatte, wurde alles nur noch schlimmer: Jetzt gab es das im Niedergang begriffene, verfallende Universum der Thermodynamik. Ob man nun das maschinenähnliche Uhrwerk-Universum oder das im Niedergang begriffene Universum betrachtet – beide Weltbilder sind nur schwer mit unserer Vorstellung einer kohärenten und harmonischen Einheit in Einklang zu bringen. Wie kann eine Ansammlung rein passiver Entitäten, schlimmer noch, wie können aktiv zerstörerische, unumkehrbare Prozesse sich zusammentun und all die wohl durchdachten Strukturen und komplexen Organisationen, die in der Welt um uns herum zu Tage treten, hervorbringen? Stirbt das Universum wirklich? Was lehrt uns die Beobachtung?

Lassen Sie mich mit dem Anfang beginnen, mit dem Ursprung des Universums ...

Die meisten Kosmologen sind der Ansicht, dass das Universum mit dem Urknall vor etwa 15 bis 20 Milliarden Jahren jäh begann und dass es sich zu diesem Zeitpunkt in einem im Wesentlichen gleichförmigen Zustand befand. Ich glaube, viele Menschen sind der irrigen Annahme, das Universum sei so geschaffen worden, dass alles ganz intakt gewesen sei und die derzeitigen Strukturen und Organisationsweisen bereits irgendwie darin angelegt gewesen seien, aber das ist eine falsche Vorstellung. Soweit wir sagen können, ist es in den sehr frühen Stadien vielleicht völlig unstrukturiert und sogar ganz und gar frei von Materie gewesen. In seinem ursprünglichen Zustand könnte das Universum nichts anderes als ein völlig leerer Raum gewesen sein, der nichts außer Energie enthielt. Alles, was wir jetzt sehen, die Materie, ihr Aufbau, die Strukturen, die uns umgeben, sogar etwas so Grundlegendes wie die Atomkerne, all das war nicht von Anfang an vorhanden. Demzufolge ist es in gewisser Weise falsch, wenn der Urknall als Erschaffung des Universums bezeichnet wird. Es ist richtig, dass mit ihm ein rudimentärer Kosmos erscheint, aber alles, was für uns heute das Universum ausmacht, ist tatsächlich erst nach dem Ursprungszustand entstanden. Es hat sich schrittweise und von einem Zustand zum anderen entwickelt. Diese Schritte folgten zunächst sehr schnell aufeinander und sind dann immer langsamer verlaufen. Aber es wäre völlig falsch, davon auszugehen, dass es den Keim zu den jetzigen Strukturen schon anfangs gegeben habe. Nein, sie sind erst nach und nach entstanden. Folglich ist es, wie gesagt, missverständlich, dieses Initialereignis als „die Schöpfung" zu bezeichnen.

Komplexifikation

Über den Prozess eines allmählichen Erscheinens von Struktur und Organisation der Welt hat sich Teilhard de Chardin sehr ausführlich geäußert. Er nannte ihn „Komplexifikation", und ich glaube, das entspricht mehr oder weniger dem, was ich unter zunehmender Organisation und Komplexität verstehe. Ich folge ihm in der Ansicht, dass es eine Materie und Energie innewohnende Eigenschaft sei, den gesamten Kosmos zu durchdringen, und dass der Prozess durch diese Eigenschaft definiert sei. Als sich das Universum über Milliarden von Jahren entwickelte, sind neue und immer kompliziertere Strukturen und Systeme entstanden, so z.B. die gewaltige Organisation, wie sie bei einer Galaxie vorliegt, die sich aus Spiralnebeln von Gaswolken gebildet hat. Die gewaltige Komplexität der Biosphäre ist zweifellos aus einer Ursuppe organischer Moleküle hervorgegangen. Diese und andere Beispiele zeigen, dass das Universum nie aufgehört hat, schöpferisch zu sein; dass Teilhard darauf bestand, statt von Kosmologie von „Kosmogenese" zu sprechen, erscheint uns passender denn je, auch wenn dies zu seiner Zeit sicher nicht der Mode entsprach. Heute, in der modernen Kosmologie, betrachten wir das Universum eher als einen sich fortentwickelnden kreativen Prozess und nicht als ein momentanes Schöpfungsereignis. Obwohl der voranschreitende Charakter des Universums eher eine Tendenz als ein Gesetz ist, glaube ich, dass sich darin ein fundamentales Naturprinzip zeigt, eines, das immer noch mit unserem Verständnis von Physik und Kosmologie in Einklang gebracht werden muss. Ich kann es nicht besser in Worte fassen als Julian Huxley in der Darstellung von Teilhards Philosophie, die er in seiner Einführung zu *Das Auftreten des Menschen* gibt. Huxley schreibt:

„Die verschiedenen Wissenschaftszweige schließen sich zusammen, um nachzuweisen, dass das Universum in seiner Gesamtheit als ein gigantischer Prozess anzusehen ist, als Prozess des Werdens und des Erreichens neuer Ebenen des Seins und der Organisation."

Auf den Sachverhalt, dass der Akzent auf das „Werden" statt auf das „Sein" zu legen sei, werde ich später in meinem Vortrag noch ausführlicher zurückkommen.

Ich sollte darauf hinweisen, dass ähnliche Auffassungen in den letzten Jahren von einer Reihe von Naturwissenschaftlern formuliert worden sind; die höchste Aufmerksamkeit verdienen vielleicht Ilya Prigogine, Nobelpreisträger für Chemie, und der Philosoph Karl Popper. Popper brachte meiner Meinung nach alles sehr gut auf einen Nenner, indem er von der „Kreativität der Natur" sprach. Er sah es als größtes Rätsel der Kosmologie an, „diese schöpferische Kraft, dieses kreative Element zu verstehen". Leider werden derartige Gedanken häufig als Verstoß gegen die bekannten Gesetze der Physik missverstanden, doch das ist ein Irrtum. Keiner behauptet z. B., dass der zweite Hauptsatz der Thermodynamik wirklich ungültig sei. Er eignet sich nur nicht, die fortschreitende, progressive Tendenz, von der ich gesprochen habe, mit einzuschließen. Tatsächlich haben Biologen schon vor langer Zeit entdeckt, wie sich der Verlauf evolutionären Wandels in der Biosphäre mit der Anwendung des zweiten Hauptsatzes vereinbaren lässt. Der Schlüssel zum Verständnis liegt in der Unterscheidung zwischen zwei Paaren von Dingen: zum einen zwischen offenen und geschlossenen Systemen und zum zweiten zwischen Ordnung und Organisation.

Systeme, die sich gegen die Richtung der zunehmenden Entropie zu entwickeln scheinen, wie Teilhard es formulieren würde, haben immer die Eigenschaft, gegenüber der Umgebung offen zu sein. Sie können Entropie abgeben und Energie und Materie über die Grenzfläche mit ihrer Umgebung austauschen. Der zweite Hauptsatz der Thermodynamik besagt, dass das Gesamtmaß der Unordnung in einem geschlossenen System zunehmen muss. Wenn man also das Universum als Ganzes sieht, muss die Unordnung größer werden. Wenn man hingegen ein Untersystem innerhalb des Universums betrachtet, ist es möglich, dass die Entropie sich darin entweder verringert oder auf einem konstanten Niveau bleibt. Tatsächlich geben lebende Organismen kontinuierlich Entropie an ihre Umgebung ab und erhalten dadurch ihre Ordnung. Aber das ist nur die eine Seite, denn man muss außerdem zwischen *Ordnung* und *Organisation* unterscheiden, zwei Begriffen, die oft miteinander vermengt werden. Lassen Sie mich ein Beispiel geben: Ich würde einen Kristall als „Ordnung", aber nicht als „Organisation" ansehen. Ein Kristall besteht aus Atomen, die sehr regelmäßig in einem Gitter angeordnet sind, er ist also eine sehr geordnete Struktur, allerdings ohne hohe Organisation. Im Gegensatz dazu ist eine lebende Zelle hoch organisiert – eine riesige Anzahl von ineinander greifenden Prozessen spielt sich in ihr ab –, aber sie sieht nicht besonders geordnet aus, eher wie ein Tollhaus von Aktivitäten. Ich würde sagen, sie hat sehr viel Ähnlichkeit mit dem Schlafzimmer meiner Tochter; alles liegt verstreut in der Gegend herum, aber sie behauptet, sie wisse schon, was wohin gehöre und wozu es gut sei. Es gibt also einen Unterschied zwischen Ordnung und Organisation. Der zweite Hauptsatz der Thermodynamik bezieht sich auf *Ordnung* und *Unordnung,* es ist also möglich, sich eine Situation vorzustellen, in der die Ordnung eines Systems abnimmt (seine Entropie ansteigt), zugleich aber die Organisation zunimmt.

Wir haben daher die Möglichkeit, dass in einem System – wenn man die Umgebung mit berücksichtigt – gleichzeitig die Ordnung langsam abnimmt und die Organisation ansteigt. Daraus ergibt sich, dass kein Widerspruch zwischen meiner Aussage über einen sich fortentwickelnden, evolvierenden Kosmos und dem Imperativ des zweiten Hauptsatzes der Thermodynamik besteht, demzufolge der Vorrat an nutzbarer Energie abnimmt und die Entropie insgesamt ansteigt. Aber die Feststellung einer Vereinbarkeit mit dem zweiten Hauptsatz impliziert nicht, dass dieser Satz das in eine Richtung verlaufende Anwachsen organisierter Komplexität *erklärt*. Weit gefehlt: Diejenigen, die das meinen – und dazu gehören die meisten Biologen –, vernachlässigen den entscheidenden Unterschied zwischen Ordnung und Organisation. Lassen Sie mich noch ein wenig an diesem Punkt, den ich für sehr wichtig halte, verweilen.

Der herkömmliche Neo-Darwinismus behauptet, dass die Triebfeder evolutionären Wandels in der zufälligen Mutation liege. Mag sein, dass ich damit offene Türen einrenne, aber der Zufall – das wahllose Zusammenmischen der Gene – hat keine Richtung. Vielleicht ist der Ausdruck „Richtung" anhand eines Beispiels leicht zu verstehen. Mischt man ein Spiel vollkommen geordneter Karten, erhält man schnell eine ungeordnete Menge. Beginnt man aber umgekehrt mit ungeordneten Karten, muss man lange mischen, bis man wieder die alte Ordnung erhält. In dieser Zeit, in der ein zufälliges Ergebnis immer wieder durch ein anderes ersetzt wird, gibt es keine spezielle Ausrichtung in der Veränderung der Kartensequenz. Demnach hat wahlloses Mischen keine vorgegebene Richtung. Es gibt also ein grundlegendes Problem mit dem Zeitstrahl in der Biologie.

Einige Biologen haben versucht, dieses Problem zu umgehen, indem sie erklärten, dass es keinen evolutionären

Fortschritt gebe: Die Behauptung, dass Menschen z.B. irgendwie „besser" seien als Bakterien, sei aus biologischer Sicht sinnlos. Sie sehen darin eine chauvinistische Weltsicht. Ob nun Menschen in irgendeiner Form besser als Bakterien sind oder nicht, sie sind auf jeden Fall komplexer und höher organisiert. Also ist durch die ausgerichtete Zunahme von Komplexität und Organisation ein objektiver Zeitstrahl definiert.

Lassen Sie mich zusammenfassen: Wir haben diese beiden kosmischen Zeitstrahlen, einen, der zu Abbau und Unordnung, und den anderen, der zu Fortschritt und zunehmender Organisation zu führen scheint. In den letzten Jahren haben Wissenschaftler erkannt, dass Materie und Energie eine eigene Fähigkeit zur Selbstorganisation besitzen, die in allen naturwissenschaftlichen Forschungsgebieten zu Tage tritt, nicht nur in der Biologie. Ich halte das für sehr bedeutsam. Wir erkennen wieder, was wir „das Wunder des Lebens" nennen können – die Fähigkeit lebender Organismen, ihre Komplexität und Organisation zu steigern –, und sind verblüfft. Aber diese selbst-organisierenden Prozesse finden wir auch in Systemen, die als unbelebt angesehen werden, und diese Selbst-Organisation ist Gegenstand multidisziplinärer Forschungen mit vielen praktischen Anwendungsmöglichkeiten.

Selbstorganisation

Um die Aufmerksamkeit auf das zu lenken, was ich unter Selbstorganisation verstehe, möchte ich zwei Beispiele anführen. Eines ist sehr hausbacken, und zwar im wörtlichen Sinne: Sie können es zu Hause in ihrer Küche nachvollziehen. Stellen Sie sich eine Flüssigkeit vor, die in einem

Gefäß von unten erhitzt wird, so wie es jeden Tag in jeder Küche geschieht. Anfangs befindet sie sich in einem einheitlichen, gleichförmigen Zustand. Erreicht der Temperaturunterschied zwischen dem Boden und der Oberfläche einen bestimmten kritischen Punkt, schnellt das System schlagartig in einen neuen Zustand: Die Konvektion setzt ein. Diese Strömungsbewegung ist mehr als irgendeine altbekannte Bewegung von Molekülen, es handelt sich um eine höchst organisierte Angelegenheit. Tatsächlich ordnet sich die konvektive Bewegung, wenn man das Experiment sorgfältig in einem Labor durchführt, selbst zu charakteristischen Mustern von regelmäßigen hexagonalen Zellen.

Das Bemerkenswerteste an diesem geordneten Zustand ist, dass die Gebilde selbst um ein Vielfaches größer sind als der Abstand zwischen den Molekülen und die Reichweite der Kräfte, die zwischen ihnen wirken. Jedes Molekül schiebt oder zieht nur seinen Nachbarn. Aber auf irgendeine Weise kooperiert die Gesamtheit der Moleküle im Topf, um dieses vollständig aufeinander abgestimmte Muster von Aktivitäten zu erzeugen. Keine externe Kraft sagt den Wassermolekülen: „Ihr müsst euch auf diese und jene Weise bewegen und mit den anderen zusammenarbeiten" usw. Die ganze Sache geschieht spontan. Diese Ordnung mit hoher Reichweite stellt sich selbst her; Prigogine beschreibt diesen Vorgang als „Ordnung, die aus dem Chaos erwächst". Das Geschehen verstößt nicht gegen die Buchstaben des zweiten Hauptsatzes der Thermodynamik, wohl aber gegen seinen Sinn, indem es von der Einförmigkeit zu komplizierten Strukturen führt. Von entscheidender Bedeutung ist der Umstand, dass die Selbstorganisation der Flüssigkeit in hexagonale Konvektionszellen geschieht, nachdem die Flüssigkeit in einen gleichgewichtsfernen Zustand gebracht worden ist.

Ein anderes bekanntes Beispiel von spontaner Selbstorganisation ist der Laser. Bei einer einfachen Lampe wird das Licht in kleinen Salven ausgestoßen, die in keiner Beziehung zueinander stehen. Das Licht, das von der Lampe kommt, ist also völlig ungeordnet, und die Wellen überlagern sich wirr. Aber bei einem Laser ist es vollkommen anders. Dieses System ist wiederum fern von einer Gleichgewichtssituation. (Ein Laser ist ein System, das sich in höchstem Maße in einer Situation von Ungleichgewicht befindet, wohingegen eine einfache Lampe nah an ihrem thermodynamischen Gleichgewicht ist.) In einem Laser tun sich alle einzelnen kleinen Wellen zusammen; Milliarden von Atomen kooperieren und stoßen ihr Licht exakt phasengleich aus – wie Soldaten, die im Gleichschritt marschieren –, um eine kohärente Wellenform zu erzeugen. Laserlicht ist eine sehr glatte, exakte Sinuswelle, die sich über Hunderttausende von Kilometern erstrecken kann.

Wir haben hier also zwei relativ vertraute Beispiele dafür, wie alltägliche physikalische Systeme – in einem Fall eine von unten erhitzte Flüssigkeit, im anderen eine Ansammlung von Atomen, die herausgeschossen oder angeregt werden – sich selbst in einen Zustand höherer Organisation und Komplexität versetzen, wenn sie spontan aus dem Gleichgewicht geraten.

Beispiele für Selbstorganisation gibt es nicht nur in der Biologie und Physik, sondern in allen Naturwissenschaften. Prigogine hat auf eine Reihe von verblüffenden gleichgewichtsfernen chemischen Reaktionen aufmerksam gemacht, bei denen sich kooperatives Verhalten in hohem Maße zeigt. Es gibt z. B. so genannte chemische Uhren, bei denen sich Stoffgemische spontan zu regelmäßigen Mustern gruppieren. Man kann es so einrichten, dass die Flüssigkeit einen Moment lang rot erscheint, dann im nächsten Moment blau, dann wieder rot, wieder blau usw. Auf diese Weise „tickt" die Uhr sehr präzise immer weiter. Wiederum stehen wir vor dem Rätsel, wie dieses kooperative Verhalten durch die gesamte Flüssigkeit hindurch (auch über einen Abstand von vielen Zentimetern hinweg, also einen weitaus größeren als den zwischen den Molekülen) geschehen kann. Es hat den Anschein, als ob jedes Molekül dächte: „Was machen die anderen? Ich darf nicht aus der Reihe tanzen."

Sogar in der Astronomie lassen sich Systeme beobachten, in denen es eine gewisse Bestrebung zu kooperativem Verhalten, eine Gruppierung in bevorzugten Formen und Mustern gibt. Ein solches Beispiel ist der Große Rote Fleck des Jupiters. Dieses Beispiel hätte Teilhard de Chardin gefallen, denn hierbei handelt es sich um eine Prozessstruktur. Der Rote Fleck ist kein Klumpen aus etwas, das in der Atmosphäre des Jupiters treibt, sondern ein Gebiet mit kontinuierlich hinein- und herausströmenden Gasen. Er hat ständig einen Durchsatz an Materie und behält trotzdem eine klare Identität. Computermodelle des Roten Flecks legen nahe, dass er sich schnellstens wieder aufbauen würde, wenn er durch irgendetwas zerstört würde. Er besitzt also eine gewisse Robustheit. Der Rote Fleck ist ein Beispiel unter vielen für stabile Strukturen oder Quasi-Strukturen, die in flüssigen Systemen auftreten können.

Wenn man sich die Umgebung des Roten Flecks oder andere Bereiche auf der Oberfläche des Jupiters genauer anschaut, findet man Beispiele für ausgesprochen feine Einzelheiten. Lassen Sie mich noch einmal darauf hinweisen, dass die Oberfläche, die wir sehen, nicht fest, sondern flüssig ist, doch sie hat sich selbst zu Strudeln, Wirbeln und allen möglichen komplizierten Gebilden geformt. Man fühlt sich an die Fließmuster von Strömen erinnert und gerät ins

Staunen über die schöpferische Fähigkeit der Natur, so viele unterschiedliche kohärente Formen aus gestaltloser Gleichförmigkeit hervorzubringen.

Ein anderes, sehr ähnliches Beispiel für Selbstorganisation in der Astronomie sind die Ringe des Saturns. Sie bestehen nicht aus festen Scheiben, sondern aus Myriaden kleiner Teilchen, die gemeinsam den Saturn umkreisen. Sie haben sich selbst zu einem unglaublich komplizierten System von Ringen organisiert, von Ringen in Ringen und von Ringen in Ringen in Ringen. Es handelt sich um eine hoch organisierte interne Struktur. Niemand hat die Ringe des Saturn geschaffen, sie haben sich spontan selbst erschaffen.

Natürlich findet man die eindrucksvollsten Beispiele für Selbstorganisation in der Biologie, am bemerkenswertesten in der Fähigkeit des Embryos, sich in einer wunderbar abgestimmten Schrittfolge aus einer einzigen Zelle zu entwickeln. Aber es ist irrig anzunehmen, dass nur in der Biologie derartige Formen der Selbstorganisation stattfinden.

Was haben diese Systeme gemeinsam? Wir leben offensichtlich in einem Universum, das mit selbstorganisierten Systemen reichlich ausgestattet ist. Das Universum als Ganzes, so sehe ich es, hat einen progressiven, selbstorganisierenden Charakter. Es stellt sich also die Frage: Können wir erkennen, dass dabei in irgendeiner Form allgemeine Gesetze oder Prinzipien am Werk sind? Sicher gibt es eine Reihe von Bedingungen, die offensichtlich erfüllt sein müssen, bevor ein System selbstorganisierendes Verhalten entfaltet. Erstens handelt es sich ausnahmslos um offene Syteme, die Materie und Energie mit ihrer Umgebung austauschen, also nicht um statische Strukturen, sondern um Prozesse. Ich habe den Großen Roten Fleck des Jupiters als Beispiel für eine Prozessstruktur angeführt, in der ständig

Materie und Energie ein- und ausströmen. Ein weiteres Beispiel wäre eine lebende Zelle. Sogar einen Zyklon auf der Erdoberfläche könnte man als primitive Prozessstruktur ansehen. Entscheidend ist, dass es sich nicht um statische, geschlossene Systeme handelt, sondern dass sie zu ihrer Umgebung offen sind. Aber trotz der Durchlässigkeit für Materie und Energie beanspruchen sie eine gewisse abgetrennte Identität. Wir können den Roten Fleck jederzeit, wenn er für uns sichtbar wird, erkennen, auch wenn das Material, aus dem er besteht, nicht jedes Mal dasselbe ist. Genauso erkennen wir eine Person, wenn wir sie nach einem Jahr wiedersehen, obwohl die Atome des menschlichen Körpers ständig ergänzt werden.

Ein anderes Merkmal selbstorganisierender Systeme ist, dass sie die Tendenz haben, „dissipativ" zu sein, d. h. alle auf sie einwirkenden Störungen sofort nach außen zu verstreuen. Das lässt sich darauf zurückführen, dass sie vom thermodynamischen Gleichgewicht weit entfernt sind und von daher Robustheit und Stabilität erhalten. Aber vielleicht liegt der springende Punkt bei den selbstorganisierenden Systemen in dem, was Mathematiker „nichtlinear" nennen.

Das Wetter verstehen

Dreihundert Jahre lang haben sich Wissenschaftler hauptsächlich mit so genannten linearen Systemen beschäftigt. Ganz allgemein ausgedrückt, sind in linearen Systemen Ursache und Wirkung durch irgendeine einfache Proportionalität miteinander verknüpft. Lassen Sie mich ein Beispiel geben: ein Stück Gummiband. Zieht man es straff, steht das Maß der Dehnung in einem einfachen Verhältnis zum

Maß der Kraft, die man aufwendet. Das System ist linear, daher befinden sich Ursache und Wirkung in linearer Relation. Stellt man dies graphisch dar, erhält man eine gerade Linie, daher das Wort „linear".

Viele Systeme sind annähernd linear und, mathematisch gesprochen, relativ einfach zu beschreiben – das ist der Grund, weshalb man sie mittlerweile ziemlich weitgehend versteht. Oft wird gesagt, dass ein lineares System nicht mehr als die Summe seiner Teile sei; eine Versammlung von Bestandteilen in friedlicher Koexistenz. Kompliziert wird es in linearen Systemen nur durch Überlagerung. Wenn man viele einfache Dinge zusammenfügt, kann sich Kompliziertes ergeben. Das ist natürlich eine ziemlich einfache Form von Komplexität. Radiowellen sind ein sehr gutes Beispiel. Eine von einem Sender ausgehende Radiowelle, ein vertrautes lineares System, kann auf ihrem Weg zum Empfänger eine sehr komplizierte Form annehmen. Der Empfänger nimmt sie als eine komplizierte Form auf, da sich die verschiedenen Frequenzen überlagern. Im Radio werden sie herausgefiltert, aufgeschlüsselt und in einfachere Bestandteile zerlegt. Die ursprüngliche Wellenform lässt sich, wenn man so will, wieder zusammensetzen; lineare Systeme sind reversibel. Das Entscheidende an linearen Systemen ist, dass man sie auseinander nehmen und wieder zusammenbauen kann, die einzelnen Bestandteile gehen nicht ihre eigenen Wege. Lineare Systeme sind genau deshalb einfach zu untersuchen, weil sie aufgespalten und analysiert werden können, ohne dass ihre eigentliche Natur zerstört wird. Deshalb funktioniert die Philosophie des Reduktionismus sehr gut, wenn es um lineare Systeme geht.

Im Gegensatz dazu ist ein nichtlineares System mehr als die Summe seiner Teile. Es gibt, um Teilhard de Chardin zu zitieren, einen „schöpferischen Wert der Synthese". Synthese in einem linearen System ist nichts als Überlagerung – zwei oder mehr Dinge werden nebeneinander gestellt, ohne dass es eine Wechselwirkung zwischen ihnen gibt. Aber in einem nichtlinearen System ergeben a und b zusammengenommen mehr als a + b. Die Verbindung zweier Komponenten in einem nichtlinearen System kann zu neuen und sehr häufig unvorhersehbaren Effekten führen. Verschiedene Teile eines nichtlinearen Systems interagieren miteinander, um etwas völlig Neues zu erzeugen. Nichtlinearität entsteht aus unterschiedlichen Gründen, häufig als Ergebnis von Rückkopplungsmechanismen oder durch das Aufbrechen der einfachen Proportionalität im Spiel der Kräfte. In Wirklichkeit sind alle Systeme nichtlinear, nur sind viele annähernd linear, so dass die Methoden linearer Analyse sehr gut für ein weites Spektrum von Systemen funktionieren.

In einem nichtlinearen System bedeutet Komplexität viel mehr als nur Komplizierung; es werden nicht nur eine Menge Dinge zusammengeworfen. Selbst sehr einfache nichtlineare Systeme können bemerkenswert komplexes Verhalten an den Tag legen. Ein klassisches Beispiel dafür liefert uns etwas, das wir für sehr einfach halten: ein Pendel. Der Ausdruck „so regelmäßig wie ein Uhrwerk" steht für mechanische Einfachheit und Zuverlässigkeit – man denke nur an das Uhrwerk-Universum. Nun könnten Sie ein Pendel für ein sehr gutes Beispiel dafür halten, wie ein Teil des Uhrwerk-Universums in Aktion aussieht. Das stimmt sicher bei einem Pendel, das nur in einer Ebene hin- und herschwingt. Da geschieht nichts Aufregendes, es schlägt im Takt der Zeit. Aber wenn Sie es zulassen, dass das Pendel nicht nur in einer Ebene schwingt, sondern in zweien, wie ein Ball an einer Schnur, können die Dinge recht kompliziert werden. Es zeigt sich, dass bei einem breiten Spektrum von Pendelausschlägen nichts weiter geschieht, als dass das Pendel sich nach einiger Zeit auf ein regelmäßiges Bewegungsmuster einschwingt, das eine Art Ellipse beschreibt. Sie könnten fortgehen und am nächsten Tag wiederkommen, und es würde weiter seine Schwingungen ausführen. Das ist eine sehr vorhersehbare, regelmäßige Art der Bewegung. Aber wenn Sie die Frequenz etwas erhöhen und das Pendel ein wenig über seinem natürlichen Ausschlag schwingt, geschieht etwas Ungewöhnliches. Anstatt sich auf eine regelmäßige Bewegung einzuschwingen, gerät das Pendel durcheinander. Manchmal schwingt es in die Richtung, manchmal in die andere. Manchmal bewegt es sich im Uhrzeigersinn, manchmal dagegen. Wenn Sie ihm, sagen wir mal, fünf oder sechs Schwingungen lang zuschauten und eine Wette darüber abschlössen, was wohl in der nächsten Minute geschieht, ergäbe sich, dass die Chancen nicht höher als fünfzig zu fünzig liegen. Das Verhalten des Pendels ist vollkommen zufällig. Dies ist ein Beispiel für ein so genanntes chaotisches System. Das Verhalten ist total zufällig und unvorhersehbar, obwohl es sich um ein deterministisches mechanisches System von der Art handelt, von der wir annehmen, wir könnten sein Verhalten bis in viele Einzelheiten vorhersagen.

Chaotische Systeme sind derzeit Gegenstand vieler Untersuchungen. Sie sind sehr in Mode gekommen, und chaotisches Verhalten ist bei einer Vielzahl physikalischer Systeme nachgewiesen worden. Ein Beispiel ist das Wetter. Nun sind Menschen leicht davon zu überzeugen, dass das Wetter chaotisch sei. Das sind natürlich schlechte Nachrichten für Wetterpropheten. Wenn man ein einfaches mathematisches Modell für das Wetter benutzt, stellt man tatsächlich fest, dass es chaotisch ist. Die Wettervorhersage für den nächsten Tag ist tatsächlich recht vorhersehbar – wie ein

Ausschlag des Pendels. Aber eine Wetterprognose für fünf oder sechs Tage ist eigentlich nicht möglich, zumindest nicht in den genaueren Details.

Die Unvorhersehbarkeit ist nicht nur eine Frage unserer Unkenntnis der wirksamen Kräfte. Es liegt nicht daran, dass das Wetter oder das Pendel an sich kompliziert sind. In einem chaotischen System ist das Verhalten ausgesprochen sensibel für die Anfangsbedingungen. Das bedeutet, wenn beim Start des Systems die angenommenen Bedingungen nur ganz leicht von den tatsächlichen abweichen, wird die Vorhersage sehr schnell wertlos. Zwei fast identische chaotische Systeme, die mit verschwindend geringen Differenzen beginnen, divergieren bald in ihrem Verhalten. Die Divergenz ist ein exponentiell zunehmender Prozess, so dass nach kurzer Zeit alle Vorhersagekraft verloren geht. Wenn Sie Ihre Möglichkeiten, Informationen zu sammeln, steigern, stoßen Sie auf ein Gesetz des abnehmenden Rücklaufs: Wenn Sie zehnmal so viele Informationen über den Anfangszustand brauchen, um eine doppelt so hohe Vorhersagegenauigkeit zu erreichen, dann bringt Ihnen das Hundertfache an Informationen nur eine viermal so hohe Vorhersagegenauigkeit. Man braucht keine größeren Computer für die Wettervorhersage, das wäre nur Zeitverschwendung.

Ich habe über nichtlineare Systeme gesprochen, die sich in einer gleichgewichtsfernen Situation befinden, und davon, dass sie spontan und abrupt in neue, höher organisierte Zustände übergehen. Oder sie verwandeln sich zum Chaos hin. In gewisser Hinsicht haben Materie und Energie eine Art freien Willen, eine Fähigkeit, Alternativen zu entwickeln, die sich nicht vorhersehen lassen. Bei linearen Systemen ist eine Voraussage möglich, aber von einem nichtlinearen System wie dem Pendel, das die Freiheit hat, in zwei Richtungen zu schwingen, weiß man einfach nicht, was es tun wird.

Traditionell haben Wissenschaftler die Neigung gehabt, komplexe Systeme zu bagatellisieren und sie wie eine ärgerliche Verirrung zu behandeln. Das liegt daran, dass nichtlineare Systeme nur mühsam zu untersuchen sind. Durch die Konzentration auf einfache lineare Systeme zu Lasten der nichtlinearen hat die Wissenschaft eine stark reduktionistische Ausrichtung entwickelt. Man behauptete üblicherweise, dass komplexe Systeme im Prinzip in den Kategorien ihrer Komponenten zu erklären seien – man müsse sie nur auseinandernehmen und die einzelnen Bestandteile betrachten, dann werde man das Ganze verstehen. Dieser rein methodische Reduktionismus war so tief verwurzelt, dass daraus ein echter Glaube erwuchs: Die einzig wirklich fundamentalen Aussagen über die Welt seien die, die sich auf die zugrunde liegenden Entitäten der Natur bezögen, die Elementarteilchen und die Felder der Physik. Tatsächlich suggeriert schon das Wort „elementar", die ursprünglichen Phänomene der Natur seien diejenigen, die sich auf einzelne, nicht weiter zerlegbare Objekte beziehen. Kollektive Phänomene wie die Selbstorganisation, Lebensprozesse, Turbulenzen in Flüssigkeiten, Supraleitung, bewusste Wahrnehmung – alle diese Dinge wurden als sekundär angesehen, als etwas, das auf die primären Phänomene reduzierbar oder aus ihnen ableitbar sei, ohne dass zusätzliche Elemente notwendig seien. Das ist die Illusion, auf die Teilhard hinwies.

Unglücklicherweise stammt das gesamte wissenschaftliche Vokabular aus dieser reduktionistischen Philosophie. Das Kausalprinzip wird z.B. fast unweigerlich im „aufwärts gerichteten" Sinn angewandt, d. h. die Ursachen für Veränderungen in komplexen makroskopischen Systemen werden ausschließlich auf der atomaren Ebene gesehen. Umgekehrt ist es bei Erklärungen: Sie verlaufen im Allgemeinen „von oben nach unten". So heißt es z. B. von der Psychologie und Soziologie, dass sie durch Biologie erklärbar oder auf sie reduzierbar seien. Die Biologie ihrerseits wird durch die Chemie erklärt, und von dort gelangt man zur Physik, bis sich schließlich die physikalische Realität einzig und allein auf die Vorgänge elementarer Teilchen und Felder gründet. Gemäß dieser Philosophie befindet sich die einzige echte Schnittstelle zwischen diesen Wissenschaften auf der untersten Ebene, und die einzigen echten Gesetze sind die der Teilchenphysik. Diese Position hat Leon Lederman, der Direktor von Fermilab, einem Labor für Teilchenbeschleunigung, treffend zusammengefasst: „Wir hoffen, das gesamte Universum mittels einer einzigen einfachen Formel zu erklären, die wir auf unser T-Shirt schreiben können." Es ist die große Hoffnung des reduktionistischen Programms, dass sich alles auf eine einfache Formel reduzieren lasse.

Nun haben allerdings viele ausgezeichnete Wissenschaftler, darunter auch berühmte Nobelpreisträger, das reduktionistische Weltbild verworfen, obwohl sie Gefahr liefen, als Sentimentalisten oder Vitalisten abgetan zu werden. Aber ich glaube, dass sich in der wissenschaftlichen Gemeinschaft angesichts der rapiden Fortschritte im Verständnis von nichtlinearen Systemen, von Komplexität und Selbstorganisation eine gewaltige Veränderung vollzieht. In vielen Disziplinen taucht ein neues Paradigma auf. Diese Veränderung ist, denke ich, zu großen Teilen auf die moderne Computertechnik zurückzuführen, durch die es erstmals möglich wurde, komplexe nichtlineare Systeme umfassend zu untersuchen. Als ein Ergebnis dieser Explosion des Wissens hat sich die Betrachtungsweise auf merkwürdige Weise umgekehrt. Komplexität wird nun eher als die Norm denn als Abweichung angesehen; die meisten physikalischen Systeme sind, wie ich dargestellt habe, tatsächlich komplexe, nichtlineare offene Systeme. Die einfachen, geschlossenen linearen Systeme der traditionellen Wissenschaft werden jetzt als extreme Idealisierungen betrachtet, die einer besonderen Kategorie angehören. Die starke Überbetonung solcher Systeme in der Vergangenheit lässt sich einfach als eine Folge des Ausleseverfahrens betrachten: Da den Wissenschaftlern nur primitive Techniken zur Verfügung standen, wurden lediglich einfache Systeme untersucht.

Die wesentlich ganzheitliche Natur komplexer Phänomene lässt sich anhand der viel versprechenden Studien zu neuronalen Netzwerken oder anhand der Theorie von Netzwerken im Allgemeinen gut veranschaulichen. Ein Netzwerk besteht aus einer Ordnung, in der so genannte Knoten durch Drähte, Linien oder Ähnliches miteinander verbunden sind. Betrachten wir z. B. ein Modell für das Gehirn, so sind dessen „Knoten", die Neuronen, durch Axone oder Dendriten miteinander verbunden. Oder nehmen wir das Modell für einen magnetischen Stoff: Seine „Knoten" sind Atome, die in die eine oder andere Richtung auf den Linien eines Magnetfeldes ausgerichtet werden. Eine große Anzahl von Systemen lässt sich als ein derartiges Netzwerk darstellen. In einer idealisierenden Vereinfachung kann jeder einzelne Knoten zwei Zustände einnehmen: „an" oder „aus"; ein Neuron ist zum Beispiel erregt, oder es ist nicht erregt. Man untersucht Netzwerke, indem man einen Anfangszustand annimmt – man bestimmt, welche Knoten „an" und welche „aus" sind – und dann festlegt, wie sie über ihre Verbindungslinien aufeinander wirken. Dann kann man auf deterministische Weise das mathematische Modell entwickeln und feststellen, was geschieht. Das Ergebnis ist sehr überraschend. Man könnte meinen, dass nichts besonders Interessantes zu erwarten wäre, wenn man mit einem zufälligen Zustand startet. Aber einige Netzwerke zeigen bemerkenswerte Fähigkeiten zur Selbstorganisation. Stabile Aktivitätsmuster wirbeln durch das Netzwerk und lassen regelmäßige Formen entstehen. Netzwerke stellen klassische Beispiele für ganzheitliche Systeme dar. Entfernt man eine Verbindungslinie, ist damit nicht das ganze Muster zerstört, es ist robust und stabil. Es ist beachtlich, dass das Muster selbst die Qualität des gesamten Netzwerks besitzt: Es ist nicht an den Zustand jedes einzelnen Knotens gebunden, und wenn man einen dieser Knoten herausnimmt, stellt das keinen entscheidenden Eingriff in die Verhaltensmuster dar. Deshalb kann unser Gehirn weiterarbeiten, auch wenn viele einzelne Neuronen absterben. Beim Studium dieser Netzwerke untersucht man die Gesamtorganisation der Eigenschaften eines Netzwerkes als eines Ganzen und nicht den Zustand eines einzelnen Knotens oder einer Verbindung.

Bei der Beschreibung des Verhaltens eines Netzwerks ist es natürlich sinnlos, es auf das Verhalten einzelner Knoten zu reduzieren, denn ein Netzwerk ist ja gerade dadurch definiert, dass die Dinge darin miteinander verbunden sind und sich als ein Ganzes verhalten. Aus diesem Ansatz hat sich eine florierende Forschungsrichtung entwickelt, die durch das Studium von Netzwerken einen wesentlichen Beitrag zur Entwicklung künstlicher Intelligenz leistet: Es geht darum, intelligente Computer zu entwerfen, die die Arbeitsweise unseres Gehirns nachahmen. Das ist sehr praxisnah und zugleich ein gutes Beispiel für die neue Art des Nachdenkens über bestimmte Phänomene in Hinblick auf ihre kollektiven und organisierenden Eigenschaften.

Wie lang ist ein Stück Schnur?

Es gibt noch ein weiteres sehr modisches Beispiel für Komplexität, das ich kurz erwähnen möchte, bekannt als Fraktale. Es liegt schon einige Jahre zurück, dass Lewis Fry Richardson sich als Erster mit ihnen beschäftigt hat. Er widmete sich der mühseligen Aufgabe, die Länge der Küstenlinie Großbritanniens zu ermitteln. Denkt man darüber nach, kommt man schnell darauf, dass diese nicht besonders genau definiert ist. Man nehme z. B. die Entfernung zwischen Southampton und Land's End. Wenn man in einen Atlas schaut, bekommt man eine ungefähre Vorstellung davon, darf aber die kleinen Ein- und Ausbuchtungen der Küstenlinie nicht vergessen. Nimmt man aber ein Messtischblatt zur Hand, erkennt man darauf viel mehr Buchten als im Atlas. Ist der Maßstab größer, lassen sich mehr Buchten erkennen. Je genauer die Details des Systems untersucht werden, umso ausgefranster wird es und umso länger wird die Gesamtentfernung. Bei einem Preisausschreiben neulich im *Observer* gab es einen Urlaub auf Mauritius zu gewinnen, wenn man die Länge der Küstenlinie der Insel richtig schätzte. Die richtige Antwort ist tatsächlich unendlich. (Ich hoffe, die Juroren wissen das, denn ich hätte schon Lust auf einen Urlaub auf Mauritius.) Die Erkenntnis von Lewis Richardson bestand darin, dass die Länge der Küstenlinie nicht wirklich definiert ist, weil man versucht, die Länge von etwas zu ermitteln, das unendlich unregelmäßig ist.

Dem allen hat Benoit Mandelbrot von IBM mittlerweile eine einwandfreie mathematische Basis gegeben; er hat den Begriff Fraktale für Strukturen geprägt, die auf diese Weise irreduzibel komplex sind. Wenn wir irgendeinen bekannten Ausschnitt einer Küstenlinie nehmen und ihn uns detaillierter anschauen, so besitzt er das gleiche Maß an Krümmungen wie die Küstenlinie selbst. Mit anderen Worten, jeder einzelne Teil „enthält" in gewisser Hinsicht das Ganze. Man kann dies mathematisch sehr genau nachvollziehen und mathematische Funktionen angeben, die diese selbstskalierende Eigenschaft besitzen. Es gibt in der Natur außer den Küstenlinien sehr viele Strukturen, die ziemlich offensichtlich Fraktale sind.

Das Entscheidende für Fraktale ist, dass sie ursprünglich und auf nicht reduzierbare Weise unregelmäßig sind. Nach dem althergebrachten Weltbild ging man stets davon aus, dass etwas Kompliziertes nur in immer feineren Details zu untersuchen sei, bis man schließlich die einfachsten Bestandteile erreicht habe. Aber eine Küstenlinie oder eine Struktur, die diese unendliche Unregelmäßigkeit besitzt, zeigt uns, wie töricht eine solche Sichtweise ist. Viele natürliche Strukturen sind auf nicht reduzierbare Weise unregelmäßig, und anstatt sie sehr unzulänglich durch Annäherung an regelmäßige Formen abzubilden, sollte man Unregelmäßigkeit und Komplexität als grundlegenden Bestandteil der Natur akzeptieren. Wir sehen also einmal mehr, wie antireduktionistisches und ganzheitliches Denken die heutige Wissenschaft durchdringt. Menschen erkennen Fraktale jetzt in vielen unterschiedlichen Wissenschaften und nehmen zur Kenntnis, dass sie Einfachheiten aus eigenem Recht sind, die auf glatte und einfache Strukturen schlicht nicht reduzierbar sind.

Organisationsprinzipien

Ich habe viel über Komplexität und Organisation in unterschiedlichen Wissenschaftszweigen gesprochen, und die Botschaft, die ich an den Mann und an die Frau bringen möchte, ist folgende: Obwohl wir Beispiele für diese Dinge in den verschiedensten Wissenschaften finden, gibt es bestimmte allgemeingültige Prinzipien, durch die sie miteinander verflochten sind. Es lassen sich Regelmäßigkeiten finden, die auf die Existenz von Organisationsprinzipien genereller Natur schließen lassen. Ich habe z. B. darauf hingewiesen, dass das Netzwerkkonzept auf das Gehirn, auf Magneten und auf evolutionäre Strategien in der Biologie angewendet werden kann. Eine ganze Reihe von Beispielen lassen sich im Grunde nach dem Modell ein und desselben Netzwerks darstellen – die organisierenden Eigenschaften des Netzwerks zeigen sich auf ganz unterschiedlichen Gebieten. Meiner Meinung nach besteht nun berechtigte Hoffnung, dass der uralte begriffliche Konflikt zwischen Physik und Biologie demnächst beigelegt werden kann. Biologische Prozesse wie Morphogenese und Evolution, die den Physikern auf den ersten Blick geheimnisvoll erscheinen, sind nur als ein (wenn auch besonderes) Beispiel eines allgemeinen Organisationsprinzips zu verstehen, eines Prinzips, das man, wie bereits erwähnt, auch bei unbelebten Systemen findet. Ich glaube, dass der orthodoxe Neo-Darwinismus zwar die grundlegenden Mechanismen evolutionärer Veränderung richtig erfasst, ihm das eigentliche organisierende Element, das den von mir angesprochenen progressiven Zeitstrahl erzeugt, aber gleichwohl verschlossen bleibt. Wenn wir jedoch den Neo-Darwinismus und die neuen mathematischen Prinzipien, die in unbelebten Systemen entdeckt worden sind, miteinander verbinden, dann haben wir meiner Meinung nach eine befriedigende Erklärung für das, was uns sonst als Rätsel erschienen wäre.

Wie es allgemeine Organisationsprinzipien der Ordnung zu geben scheint, so gibt es auch ebensolche der Unordnung. Mitchell Feigenbaum hat z. B. entdeckt, dass das Einsetzen von Unordnung in einer großen Gruppe von Systemen bestimmte universelle Merkmale aufweist. Ein System wird nicht einfach chaotisch, dieser Vorgang spielt sich in einer präzisen mathematischen Schrittfolge ab, tatsächlich in den Mustern eines Fraktals. Das skalierte Verhalten dieser Schritte wird durch zwei Zahlen charakterisiert, die – falls sich das jemand notieren möchte – 3,5699 (die ersten vier Dezimalstellen) und 4,6692 lauten. Es sind zwei ganz gewöhnliche Zahlen, die nicht besonders aufregend klingen. Diese „Feigenbaum-Zahlen" sind insofern universell, als sie immer dann auftauchen, wenn ein Chaos entsteht, zumindest auf einem bestimmten Weg, sei es nun in irgendeiner turbulenten Flüssigkeit, bei einem Pendel, bei einer Fischpopulation oder bei was auch immer. Es herrscht also selbst im Chaos Regelmäßigkeit. Ich würde behaupten, dass die Feigenbaum-Zahlen fundamentale Konstanten sind, und doch können sie in keiner Weise auf andere physikalische Konstanten zurückgeführt werden. Sie beziehen sich auf das kollektive Verhalten komplexer Systeme, aber es sind Konstanten, die nicht aus dem Verhalten der Komponenten dieser Systeme abgeleitet werden können. Das bemerkenswerte Auftreten dieser allgemeinen Regelmäßigkeiten in komplexen organisierten Systemen legt den Gedanken einer Brücke nahe, die auf sehr hohem Niveau ganz unterschiedliche physikalische Phänomene und verschiedene Gebiete der Wissenschaft miteinander verbindet. Dass wir alles miteinander verknüpfen, geschieht nicht nur auf der Ebene der Elementarteilchen, wie dies für die Formel auf unserem T-Shirt angestrebt war. Wir finden diese Verbindung herstellenden Regelmäßigkeiten ebenso auf einem viel höheren Niveau, und ich sehe keinen besonderen Grund, warum ausgerechnet die erstgenannte Verbindung und nicht die andere durch die Bezeichnung „fundamental" herausgehoben werden sollte.

Ich stelle daher die Hypothese auf, dass fundamentale Prinzipien existieren, die Organisation und Komplexität bestimmen, doch das bedeutet nicht, dass ich die Gültigkeit physikalischer Gesetze, die auf niedriger Ebene angesiedelt sind, in Frage stelle. Diese höheren Prinzipien und die Gesetze der Physik können durchaus miteinander vereinbar sein. Lassen Sie mich ein Beispiel anführen, um zu erklären, worin diese Vereinbarkeit besteht. Wenn ich auf meinem Computer Space Invaders spiele, bewegen sich die Gestalten auf dem Bildschirm nach bestimmten Regeln. Das ist die ganze Idee des Spiels. Nun sind diese Gesetze – so will ich die dynamischen Regeln, die die Figuren auf dem Bildschirm leiten, einmal nennen – in den Computer einprogrammiert. Es wäre absurd, davon auszugehen, dass die Gesetze, nach denen sich die Space-Invader-Figuren bewegen, aus den Gesetzen der Physik, d. h. aus den Bewegungen der Elektronen abgeleitet werden könnten, nur weil der Computer nach den Prinzipien der Physik funktioniert. Das heißt aber nicht, dass die Bildschirmfiguren in irgendeiner Form die Gesetze verletzten, die die Bewegung der Elektronen lenken. Diese Gesetze reichen nur nicht aus, das Verhalten der Bildschirmfiguren zu erklären. Das Geheimnis des Computers liegt in der verdrahteten Konfiguration seines Schaltsystems und in der Software, mit der er programmiert ist. Auf den physikalischen Kern reduziert, sind diese Merkmale nichts anderes als ein Muster von Beschränkungen, denen die physikalischen Prozesse in der

Hardware unterliegen. Diese Beschränkungen sind natürlich nicht in den Gesetzen der Physik selbst enthalten. Sie können nicht auf diese zurückgeführt oder von ihnen abgeleitet werden. Zusätzlich zu den Gesetzen müssen sie so im Computer verankert sein, dass sie den Bedingungen des jeweiligen Spiels gerecht werden. Damit sind sie weder unvereinbar mit den Gesetzen, noch gibt es eine Unverträglichkeit zwischen der Space-Invader-Dynamik und der Dynamik der Elektronik, aber trotzdem kann nicht eines auf das andere zurückgeführt werden.

Es gibt ein sehr schönes Zitat von Marvin Minsky, einem der weltweit führenden Experten für künstliche Intelligenz, in dem er diesen Sachverhalt anspricht. In seinem neuesten Buch heißt es:

„Viele Wissenschaftler betrachten Chemie und Physik als ideale Modelle dafür, wie Psychologie sein sollte. Schließlich unterliegen die Atome im Gehirn Gesetzen, die alles einschließen und für jede andere Form von Materie gelten. Wenn das nun so wäre, könnten wir das, was unsere Gehirne tun, wirklich vollständig mit denselben grundlegenden Prinzipien erklären? Die Antwort ist „Nein", und zwar aus einem einfachen Grund: Selbst wenn wir verstehen könnten, wie jede einzelne unserer Milliarden Gehirnzellen funktioniert, würde uns dies nichts darüber sagen, wie das Gehirn als aktives Ganzes funktioniert. Die Gesetze des Denkens hängen nicht nur von den Eigenschaften all dieser Gehirnzellen ab, sondern auch davon, wie sie miteinander verbunden sind. Diese Verbindungen kommen nicht durch einfache, allgemeingültige Gesetze der Physik zustande, sondern durch die jeweilige Verteilung von Information, die in Millionen von Bits in unseren ererbten Genen liegt. Es ist wohl so, dass allgemeine Gesetze sich auf alles erstrecken, aber gerade deshalb können sie nur selten etwas in seiner ganz eigenen Besonderheit erklären."

In diesem Zitat ist meines Erachtens sehr gut herausgearbeitet, wie man nach zusätzlichen allgemeinen Prinzipien Ausschau halten kann – Prinzipien, die auf einer höheren Ebene eine Verbindung zwischen Dingen herstellen –, ohne die auf niedrigeren Ebenen angesiedelten Gesetze zu verletzen oder ihnen in die Quere zu kommen.

Sein und Werden: zwei Vorstellungen von Gott

Rupert Sheldrake ist auf das gespannte Verhältnis zu sprechen gekommen, das offensichtlich zwischen zwei einander widersprechenden Bildern der Welt herrscht: Nach dem einen ist diese „unveränderlich", nach dem anderen „dem Wandel unterworfen", oder sie wird, in moderner Terminologie, in einem Fall als „seiend", im anderen als „werdend" beschrieben. Ich habe Ihnen ein Bild des Universums ausgemalt, das den progressiven, evolutionären Charakter betont, den Aspekt des Werdens. Aber irgendwie müssen wir dieses Bild mit der anderen, „zeitlosen" Vorstellung der Welt in Übereinstimmung bringen. Diese Kluft zwischen dem Temporalen und dem Atemporalen ist sehr tief. Sie taucht sowohl in der Wissenschaft wie auch in der Religion auf, und es lohnt sich, darauf kurz einzugehen.

Lassen Sie mich zuallererst etwas zur Religion sagen. Ich möchte an zwei verschiedene Vorstellungen von Gott erinnern, die oft in eins gesetzt werden: den Schöpfergott und Gottvater. Der Schöpfergott ist die ferne mächtige Instanz, die so etwas wie Gesetze erschaffen und Universen entstehen lassen kann, wohingegen Gott, der Vater, der persönliche innere Gott ist, der Gott des Gebets und der Liebe. Der entscheidende Unterschied dieser beiden Ideen liegt in meinen Augen in ihrer Beziehung zur Zeit. Der Schöpfergott muss seiner Natur nach sowohl Raum als auch Zeit überschreiten. Die Gesetze der Physik sind, wenn sie überhaupt etwas sind, überzeitliche, abstrakte Beziehungen. Eines möchte ich betonen: Wenn diese Gesetze eine Erklärung liefern, wie das Universum entstanden ist – und daran glaube ich –, und wenn die Zeit ein Bestandteil des Universums ist – und das ist sie –, dann müssen sie in irgendeinem Reich des Abstrakten überzeitlich existieren. Deshalb ist es vielleicht keine gute Formulierung, wenn man den Gott, der für diese Gesetze verantwortlich ist, als Schöpfer bezeichnet, weil in der „Schöpfung" die Zeit eine Rolle spielt. Vielleicht ist Gott, der Erhalter, der bessere Ausdruck. Nun denke ich, dass alle Weltreligionen aus dem Versuch entstanden sind, das offensichtlich Unvereinbare miteinander in Einklang zu bringen, nämlich die Veränderung und das Unveränderliche. Ich möchte diese These stützen, indem ich auf unsere ursprünglichste Erfahrung verweise, die Erfahrung unserer selbst.

Der Begriff des Selbst ist, wie wir wissen, schillernd und schwer zu fassen. Was genau meine ich, wenn ich „ich" sage? Sicher hätte das Selbst keine Bedeutung, wenn es nicht in gewissem Sinne über die Zeit erhalten bliebe. Wenn ich jeden Morgen als eine andere Person aufwachte, hätte das Etikett „Ich" tatsächlich wenig Sinn. Ihm muss eine unveränderliche Qualität innewohnen. Logischerweise spielt das Gedächtnis hier eine Rolle, denn wenn die Erinnerung nicht von einem Moment zum nächsten reichen würde, wäre der Gedanke einer persönlichen Identität sinnlos. Irgendetwas muss beständig sein. Zum anderen beinhaltet die Erfahrung meiner selbst das Denken und Beobachten, und das sind fraglos Aktivitäten in der Zeit. Täglich mache ich irgendwelche neuen Erfahrungen und verändere mich dadurch jeden Tag ein bisschen. Man könnte sagen, dass ich jetzt nicht mehr die gleiche Person bin, die ich mit fünf Jahren war, doch dass ich in diesem Satz das Wort „ich" verwendet habe, offenbart, dass hier ein Paradox vorliegt. Wie kann „ich" eine veränderte Person sein, wenn ich die Person bin, mit der diese Veränderung geschieht? Das Leben wäre sinnlos, wenn es keine Veränderung, keinen Fortschritt gäbe, doch es hätte auch keine Bedeutung, wenn es kein Gefühl persönlicher Identität gäbe, kein „Ich", dem diese Veränderung widerfährt. Die einschneidendste Veränderung für uns alle ist der Tod. Hier treten dieselben Spannungen wieder auf, diesmal aber mit großer Macht, denn viele Menschen wünschen sich inbrünstig, ihre persönliche Identität möge über den Tod hinaus erhalten bleiben. Aber wozu?

Wenn es darum geht, in ein übernatürliches Reich jenseits der Zeit zu gelangen – damit büßten wir unsere Gedanken, Erfahrungen usw. ein, also genau die Dinge, die uns in Wahrheit das Gefühl dauerhafter persönlicher Identität geben, denn das sind alles Dinge, die sich in der Zeit ereignen. Auf der anderen Seite ist es auch denkbar, in ein anderes Reich *innerhalb* der Zeit überzugehen, etwa durch Reinkarnation innerhalb dieses Universums. Doch wenn ich ohne Erinnerungen aus meinem letzten Leben in ein neues überträte, woher nähme ich dann die Gewissheit, dass *ich* derjenige bzw. diejenige bin, der bzw. die sich reinkarniert, und nicht jemand anders? Gut, vielleicht gibt es eine überirdische Welt mit einer eigenen Version von Zeit genauso wie von Raum und Menschen, aber wenn das der Fall ist, lässt sich mit der Aussicht auf eine *unbegrenzte* Dauer wechselnder Erfahrungen zurechtkommen? Gibt es tatsächlich unendlich viele Dinge, die man erfahren kann?

Von diesen temporalen „Spannungen", wenn wir es einmal so nennen wollen, war schon vor langer Zeit in der Theologie die Rede. Das schlagendste Beispiel ist die Schöpfungsfrage. In der griechischen Antike behaupteten z. B. die Verfechter der Schule des Aristoteles, es habe keine Schöpfung stattgefunden, das Universum bestehe seit unendlichen Zeiten. Aber alle Kulturen haben ihre eigenen Schöpfungsmythen, wonach eine übernatürliche Kraft die derzeitige harmonische Ordnung aus dem urzeitlichen Chaos erschaffen hat. In der christlichen Ära tauchte dieser Streitpunkt wieder auf, und zwar in Gestalt der Frage: „Was tat Gott, bevor er die Welt erschuf?" Vorausgesetzt, er hätte eine unendlich lange Zeit gewartet, warum hat er sich gerade für diesen speziellen Zeitpunkt und für keinen anderen entschieden? Ein großes Problem. Nun, Augustinus, der sich intensiv mit der Natur der Zeit beschäftigte, hatte eine Lösung. Er schlug vor, Gott habe nicht eine Ewigkeit lang gewartet, bevor er den Kosmos erschaffen habe. Stattdessen habe er die Zeit als einen Teil des Universums erschaffen. Mit seinen eigenen Worten: „Die Welt wurde mit der Zeit und nicht in der Zeit erschaffen." Das war erstaunlich prophetisch in Hinsicht auf das moderne wissenschaftliche Bild der Schöpfung, das die Erschaffung von Raum und Zeit genauso wie die der Materie umfasst. Die Vorstellung, dass Gott innerhalb der Zeit dasitzt und unendlich lange abwartet, um dann in einem beliebigen Moment die Welt zu errichten, ist nicht mehr aktuell. Diese Art von Schöpfergott oder erhaltendem Gott muss vollkommen außerhalb von Raum und Zeit existieren. Augustinus' Lösung trug nur dazu bei, ein neues Problem zu erzeugen, denn wenn Gott sich ganz und gar außerhalb der Zeit befindet, ergibt sich ein Konflikt mit dem anderen Bild Gottes, das ich den Vatergott genannt habe.

Die Menschen, die an einen persönlichen Gott glauben, möchten mit ihm in Verbindung treten. Er soll auf ihre Gebete antworten, über sie wachen, sie lenken, mit ihnen zürnen, ihnen vergeben, über sie richten usw. Das sind zweifellos alles Aktivitäten innerhalb der Zeit. Besonders schwierig wird dies in Religionen, die die unmittelbare göttliche Einmischung in weltliche Belange fordern, denn das bedeutet natürlich, dass Gott sich entschließt, an einem ganz bestimmten Moment innerhalb der Zeit einzugreifen. Einerseits gefällt uns das Bild eines Schöpfergottes, eines Wesens von höchster Folgerichtigkeit und Zuverlässigkeit, eines Absoluten, auf das man sich ganz und gar verlassen kann und auf das die gesamte Existenz gebaut ist. Andererseits ist uns auch die Vorstellung angenehm, dass Gott in gewisser Hinsicht den Lauf der Dinge ändern kann, indem er z. B. unsere Gebete erhört oder Katastrophen abwendet.

Alle Religionen müssen sich mit diesem Paradox einer veränderlichen und gleichzeitig unveränderlichen Gottheit auseinander setzen, und sie haben das getan, indem sie alle möglichen abstrakten Ideen und spitzfindigen Metaphern herangezogen haben oder indem sie sich auf die eine oder die andere Seite beschränkt haben. Ich habe meinen Vortrag mit einem Zitat von Teilhard de Chardin begonnen. So wie ich in meiner Rede hat auch Teilhard die voranschreitende, evolutionäre Natur des Kosmos in den Vordergrund gestellt, die fließende, bewegliche, sich entwickelnde Natur der Zeit. Trotzdem ist er der Auffassung, dass diese Entwicklung in einem geheimnisvollen „Omega" kulminiere, das sich selbst außerhalb der Zeit befinde. Genau gesagt, behauptet er, dass Omega zutiefst anwesend sein müsse. In gewisser Weise krönt Omega also eine zeitliche Folge und stellt zugleich auf überzeitliche Weise die geschlossene

Natur dieser Folge dar. Teilhard de Chardin bringt es irgendwie zustande, dass er etwas hat, das sowohl in der Zeit als auch außerhalb der Zeit ist. Viele östliche Religionen schlagen sich ebenfalls mit dem Problem des Wandels und des Unwandelbaren herum und kommen zu einer zyklischen Vorstellung der Zeit. Die Dinge schreiten im Kleinen fort, doch langfristig betrachtet verlaufen sie zyklisch. In der Mystik scheint man in Ost und West der Frage zu begegnen, indem man einen überzeitlichen mentalen Zustand innerhalb der Zeit zu erreichen versucht und auf diese Weise das Paradox in der Verbindung des Temporalen und Atemporalen auflöst.

Interessanterweise erlebt die Wissenschaft eine vergleichbare Debatte über die Frage des Unveränderlichen und der Veränderbarkeit, über die Ewigkeit und das Fließen der Zeit. Ich habe versucht, einige Aspekte dieser Debatte am heutigen Abend herauszuarbeiten, indem ich dargestellt habe, dass es im Verlauf der Geschichte drei wissenschaftliche Paradigmen gegeben hat: Das erste ist das Uhrwerk-Universum, in dem Zeit keine Rolle spielt, Gott ein reiner Archivar ist und alles von vornherein und für alle Zeit bestimmt ist und sich jeder Zustand des Universums in einer festgelegten Abfolge aus dem vorhergehenden ergibt. Das zweite Paradigma ist die thermodynamische Vorstellung des Universums, die Veränderung und Fließen mit einbezieht, der zufolge aber die Veränderung als Niedergang zu begreifen ist. Schließlich gibt es noch die hoffnungsfrohere Vorstellung eines sich fortentwickelnden Universums, in dem Selbstorganisation stattfindet und die Komplexität zunimmt. Die Spannungen in Bezug auf die Zeit tauchen allerdings in all diesen Weltbildern auf.

Lassen Sie mich nun zum Ende kommen, was das Thema der Zeit angeht. Ich glaube, dass sich die Spannungen zwischen diesen unterschiedlichen Sichtweisen der Zeit nicht durch weitere Forschungen beilegen lassen. Ich glaube nicht, dass wir uns für eine der beiden Sichtweisen entscheiden werden, wenn wir nur mehr über die Welt wissen, und die andere als falsch verwerfen. Wir werden mit diesen beiden scheinbar gegensätzlichen Vorstellungen von Zeit leben und sie als wesentlich für unser Verständnis der Welt und unserer selbst hinnehmen müssen. Wir müssen die Dinge auf die eine und auf die andere Weise betrachten, auch wenn sie einander ganz offensichtlich widersprechen. Es mag zwar modern sein zu verkünden, der wissenschaftliche Fortschritt habe erwiesen, wie unbedeutend und nebensächlich der Mensch innerhalb des riesigen Universums sei. Das Wissen um die Größe des physikalischen Universums und die Verwundbarkeit unseres winzigen Planeten haben zu dem Gedanken geführt, dass die Menschen im Besonderen und das Leben im Allgemeinen eine Laune der Natur, ein nebensächlicher Aspekt in den Abläufen eines vielschichtigen Universums, ein völlig bedeutungsloser Zufall sei. Durch die – von mir kurz umrissene – Entdeckung des kreativen Kosmos hat sich all das verändert. Die Fähigkeiten der Materie zur Selbstorganisation zeigen, dass die Entstehung des Lebens kein bloßer Zufall war, sondern ein unerlässlicher Schritt in einem kontinuierlichen Prozess, bei dem Materie und Energie Zustände von immer höher organisierter Komplexität erreichen. Dass wir in einem kreativen und sich fortentwickelnden Kosmos leben, ist nun endlich eine wissenschaftlich ehrbare Position. Das führt zwangsläufig zu der Frage, ob all dies einen Sinn habe. Entfaltet sich das Universum nach einem Plan? Gibt es eine kosmische Blaupause, wie ich es nennen möchte? Nun, der Gedanke, dass das Universum sich nach einem Entwurf offenbart, ist sehr alt. Der zwingendste Beweis für diese Annahme scheint mir darin zu liegen, dass die Gesetze der Physik so konstruiert sind, dass sie die Existenz selbstorganisierender Eigenschaften zulassen. Und weiterhin, dass diese Eigenschaften nicht nur solche interessanten Strukturen hervorbringen, wie ich sie beschrieben habe, sondern dass durch sie bewusste Individuen entstehen, die diesen Gesetzen nachspüren, sie aufdecken und über die Bedeutung all dessen nachdenken können.

Aber was bedeutet das alles? Nun, die Naturwissenschaft kann natürlich nicht auf Fragen nach dem Sinn, sondern nur auf Fragen nach den Mechanismen eine Antwort geben. Es wird immer Wissenschaftler geben, die im kreativen Kosmos nichts anderes als eine zwecklose Scharade sehen. Andere aber werden durch diese neuen Entwicklungen tief inspiriert sein, und es wird sie in ihrem Glauben bestärken, dass ein Sinn hinter ihrer Existenz steht. Letztlich wird es eine Frage der persönlichen Überzeugung sein. Unabhängig von diesen individuellen Glaubensvorstellungen bin ich allerdings der Ansicht, die Entdeckung, dass die Menschheit ein integraler Bestandteil des andauernden Prozesses der Komplexifikation (so die Formulierung von Teilhard de Chardin) ist, verleiht uns zumindest eine gewisse Würde, die wir nicht besäßen, wenn wir nur ein zufälliger Zwischenfall in der Weite des Kosmos wären.

Die heutige Umwelt und die Gaia-Perspektive

James Lovelock

Professor Jim Lovelock, geboren 1919, erhielt seine Ausbildung in Manchester und an der Universität London und lebt heute in Cornwall. 1961 übernahm er einen Lehrstuhl für Chemie am Universitätscollege für Medizin in Texas und arbeitete dort mit der NASA zusammen, die er beim Entwurf der Forschungsexperimente zum Nachweis von außerirdischem Leben mittels Mond- und Marssonden unterstützte. Dies führte ihn dazu, jene stabilen Bedingungen zu untersuchen, die seit 3,5 Milliarden Jahren die Existenz von Leben auf der Erde ermöglichen und nur fortbestehen, wenn es einen hoch empfindlichen Mechanismus der Selbstregulierung gibt, der auf ähnliche Weise funktioniert wie die Anpassung unserer Körper an äußere Temperaturschwankungen. Aus diesem Denkansatz ging die „Gaia-Hypothese" hervor, wonach die Erde als ein einziger lebender Organismus anzusehen sei. Lovelocks Theorien, die in Wissenschaftskreisen zu den am heftigsten diskutierten Themen gehören, sind in einer Anzahl von Büchern beschrieben, darunter Gaia. Die Erde ist ein Lebewesen *und* Das Gaia-Prinzip. *Derzeit arbeitet Lovelock als unabhängiger Wissenschaftler für die Industrie und bemüht sich darum, die Forschungen über die Gaia-Hypothese voranzutreiben. Seit 1974 ist er Mitglied der Royal Society und ferner Präsident der Marine Biology Association. Der folgende Vortrag wurde 1989 im Rahmen der Mystics and Scientists Conference gehalten.*

Ich denke, jeder von Ihnen hier hat schon einmal von Fritz Schumacher* gehört. Er war ein großartiger Mann, und auch wenn nur wenige sein Werk vollständig gelesen haben, werden sich viele unter uns an seine aussagestarken Einzeiler wie „small is beautiful" oder „act locally but think globally" erinnern. Für mich ist in diesen Formulierungen ein kleiner, aber bedeutender Teil seiner Philosophie eingeschlossen, und während der letzten fünfundzwanzig Jahre habe ich versucht, in der von ihm vorgeschlagenen Art und Weise wissenschaftlich tätig zu werden. Ich habe seinen Rat, vor Ort zu handeln und global zu denken, sehr ernst genommen und globale Wissenschaft, wenn Sie so wollen, wie ein Familienunternehmen betrieben, sozusagen in Heimarbeit. Die Idee von Gaia erwuchs aus dieser Art von Wissenschaft und nicht aus jener im Elfenbeinturm stattfindenden Tätigkeit, die potenziell gefährlich zu sein scheint.

Seit elf Jahren lebe ich in einem kleinen Landhaus am River Carey in West Devon, direkt an der Grenze zu Cornwall. Mein Labor besteht aus einem Raum im Anbau des Hauses, und das nächstgelegene Haus ist etwa eine halbe

* Gemeint ist nicht der deutsche Architekt Fritz Schumacher (1869–1947), sondern der deutschstämmige Wirtschaftswissenschaftler Ernst Friedrich (Fritz) Schumacher (1911–1977), der ab den 30er Jahren im angelsächsischen Raum lebte und vor allem durch sein Buch „Small is beautiful" bekannt wurde; Anm. d. Übers.

Meile entfernt. Bis zum nächsten Dorf, St Giles on the Heath, sind es zwei Meilen. Ich fürchte, der Name meines Hauses – Coombe Mill Experimental Station – wirkt ein wenig protzig, aber daran führt kein Weg vorbei. Wenn Sie wissenschaftlich arbeiten, könnte es sein, dass Sie ein Pfund Plutonium oder ein Kilo Zyankali bestellen wollen. Falls Sie in einem solchen Fall versuchen, es nach 11 Acacia Villas, Finchley, liefern zu lassen, funktioniert das nicht. Aber mit einer Lieferadresse wie „Coombe Mill Experimental Station" können Sie alles ordern.

Also, mein Haus und mein Labor stehen mitten auf dem Land, weit entfernt von allem, denn ich messe winzige Spuren von Dingen, die in der Atmosphäre vorkommen, und kann daher keine Verunreinigungen der Luft gebrauchen; doch auf diese Weise sind zweifellos auch meine Nachbarn vor mir geschützt. Ich habe immer geglaubt, dass Wissenschaft etwas sei, was man zu Hause betreiben sollte, so wie Schreiben, Malen oder Komponieren. Schließlich findet es doch auch niemand ungewöhnlich, wenn ein Künstler seine kreative Arbeit zu Hause ausübt. Tatsächlich scheint der bloße Gedanke, dass ein Künstler seine Porträts in einem Kunstseminar der örtlichen Kunsthochschule malt oder dass ein Romanschriftsteller sich täglich in ein „Schreibinstitut" begibt, völlig absurd zu sein. Also, warum sollte man nicht auch der Wissenschaft zu Hause nachgehen? Das heißt nicht, dass ich jemandem etwas vorschreiben möchte, und mir ist auch klar, dass in der Wissenschaft häufig Teamwork und eine große Zahl von Arbeitsprozessen nötig sind, genauso wie Teams von Künstlern und Handwerkern Kathedralen bauen oder im Orchester zusammenspielen. Es ist nur so, dass Wissenschaft in der modernen Zeit keinen Platz für individuelle Gedanken oder Experimente hat. Ich versuche zu zeigen, dass durch den Mangel an einzelnen Menschen, die Zeit und Gelegenheit haben, sich über die Welt zu wundern und sie zu erforschen, unser Verständnis für die natürliche Umwelt stark verkümmert ist.

Ein Teil des Problems hat sich daraus ergeben, dass das meiste, was die Leute Naturwissenschaft nennen oder dafür halten, tatsächlich Technologie ist. Meiner Meinung nach ist ein Naturwissenschaftler jemand, der Zeit und die Neigung hat, sich zu wundern, und der seine persönliche Sicht auf die natürliche Welt zum Ausdruck bringt. Seine Theorien und Ideen können später daraufhin überprüft werden, inwieweit ihre Vorhersagen präzise waren. Solche Naturwissenschaftler gibt es nur wenige, und überhaupt sind die meisten Naturwissenschaftler, wenn Sie einmal darüber nachdenken, in Wirklichkeit wie jene hoch begabten Menschen, die Werbesprüche schreiben und Hochglanzbildchen anfertigen, mit denen für kommerzielle Produkte geworben wird. Nun, unter diesen Leute würde niemand für sich in Anspruch nehmen, dass es sich bei seiner Arbeit um Kunst handele, geschweige denn, dass er die Freiheit habe, beim Schreiben und Malen nur seiner Eingebung zu folgen. Ihre Stellung unterscheidet sich aber nicht von der der meisten Wissenschaftler in der heutigen Welt.

Mein eigentümliches Interesse als Naturwissenschaftler ist dadurch geweckt worden, dass ich über die Erde und das Leben auf ihr gestaunt habe. Es entwickelte sich durch pure Neugier – ich habe nur da gestanden und große Augen gemacht. Daraus hat sich eine neue Theorie der Evolution entwickelt, und diese Theorie widmet sich der Evolution der Arten lebendiger Organismen und der Evolution der materiellen Erde. Sie betrachtet die Luft, die Meere und die Gesteine nicht voneinander getrennt, wie dies durch die Aufteilung der Wissenschaften in Biologie und Geologie geschieht, sondern als einen einzigen eng ineinander greifenden Prozess. Die Selbstregulierung des Klimas und die Zusammensetzung der Luft, der Meere und Gesteine werden danach sämtlich als das angesehen, was die Philosophen eine „emergente Eigenschaft" nennen, die automatisch aus jener engen Verbindung zwischen lebenden Organismen und ihrer Umgebung entsteht. Diese Regulierung erfolgt ohne Voraussicht, Planung oder Mystizismus. Es scheint fast, als sei die Erde ein lebender Organismus, und daher habe ich, das werden Sie sicher wissen, diese Theorie, dem Rat des Schriftstellers William Golding folgend, als „Gaia" bezeichnet, nach dem griechischen Namen für die Erde oder die Göttin der Erde.

Ein neuer Blick auf die Erde

Um dieses neue Sichtweise der Erde zu verstehen, müssen wir ganz anders vorgehen als Forscher sonst, wenn sie lebende Organismen untersuchen. Wir müssen uns das zu eigen machen, was Physiologen und Ingenieure als „top-down"-Sicht bezeichnen. Eigentlich ist das ganz simpel, es geht einfach um das, was in dem Begriff „top down" – von oben herab – enthalten ist: Wir werfen aus dem Weltraum einen Blick auf die Erde als Ganzes – so wie Astronauten sie sahen, als sie sie erstmals aus dem All erblickten. Es ist die Haltung, die Physiologen bei lebenden Organismen einnehmen oder Ingenieure, wenn sie einen Computer untersuchen wollen. Ein Ingenieur würde nicht im Traum daran denken, einen in Funktion befindlichen Computer „bei lebendigem Leibe" zu sezieren, er würde ihn ausprobieren und Fragen an ihn stellen. Im Gegensatz dazu ist die „bottom-up"-Sicht die übliche bodengestützte Sicht der Biologen. Nimm ein System auseinander, seziere es, wenn nötig, betrachte die Teile, und du hast komplett verstanden, wie es funktioniert. Dieses reduktionistische Vorgehen ist in der Wissenschaft leider manchmal notwendig, aber beide Vorgehensweisen sind wichtig, und was die Erde angeht, hatten wir viel zu viel von der reduktionistischen, der „bottom-up"-Sicht und haben viel zu selten die Perspektive von oben eingenommen. Hier ein Beispiel: Ich denke, die meisten Naturwissenschaftler und auch viele andere Menschen haben das wunderbare Buch *Der blinde Uhrmacher. Ein neues Plädoyer für den Darwinismus* von Richard Dawkins gelesen. Es handelt davon, wie das Leben entstanden und wie die Evolution verlaufen ist, und verwendet dabei die Metapher von Paleys Uhr – jener Uhr, die der Theologe William Paley am Strand fand, wobei er sich fragte, wie sie dorthin gekommen sein könnte. Richard Dawkins beschäftigt sich ausschließlich mit der Frage, woher die Uhr stammen könnte und wie sich ihre Teile zusammengefügt haben. Er verwendet keine Zeit darauf, sich über die Uhr an sich zu wundern, sich zu fragen, wozu sie gut sein könnte oder wie sie funktioniert. Uhren sind wie lebende Organismen, sie existieren, machen ihre Arbeit, und das ist alles, was man über sie wissen muss. Deshalb finden Sie natürlich auch keine Definition für „Leben", wenn Sie im Lexikon der Biologie nachschlagen. Was Leben ist, weiß jeder, und die Biologen kümmern sich nicht weiter darum. Nun, Richard Dawkins' Fragen, woher die Uhr bzw. lebende Organismen stammen und wie sie sich entwickelt haben könnten, sind auch innerhalb der Wissenschaften legitim. Aber sie lassen außer Acht, dass das Verhalten von komplexen Systemen wie lebenden Organismen, Gaia und sogar einigen mechanischen Vorrichtungen nie allein aus den Eigenschaften ihrer einzelnen Komponenten vorhersagbar ist.

Mit anderen Worten, die „bottom-up"-Sicht funktioniert hier nicht. Sogar bei einem einzelnen sich selbst regulierenden System wie einem Autopiloten in einem Schiff oder Flugzeug ist es viel sinnvoller, eine Analyse durchzuführen, indem man es in Funktion beobachtet, anstatt es auszubauen und sich um ein Verständnis der Arbeitsweise der Einzelteile zu bemühen.

Die „top-down"-Sicht ist nicht neu, ich erzähle Ihnen hier keine echten Neuigkeiten. Es ist die übliche Einstellung von Erfindern, Ingenieuren und Physiologen. Nur bei den meisten Wissenschaften scheint diese Betrachtungsweise aus der Mode gekommen zu sein. Das ist sehr merkwürdig, denn vor dem neunzehnten Jahrhundert war den Wissenschaftlern eine physiologische Sicht der Erde recht vertraut. Einer von ihnen war ein Mann namens James Hutton, der häufig als Vater der Geologie bezeichnet wird. 1785 hielt er einen berühmten Vortrag vor der Royal Society von Edinburgh. Es ist ziemlich lange her, über zweihundert Jahre, dass er in seinem Vortrag erklärte: „Ich sehe die Erde als einen einfachen Organismus an, und deshalb ist es angemessen, sie wie ein Physiologe zu untersuchen." Nun, James Huttons gesunde Sicht der Erde erschien den meisten Wissenschaftlern seiner Zeit akzeptabel, sie kam aber im neunzehnten Jahrhundert außer Gebrauch. Nicht weil man sie für falsch hielt, sondern weil der Schwerpunkt der Wissenschaft sich von einem ganzheitlichen zum reduktionistischen Ansatz verlagerte. Das war nur zu verständlich, denn im neunzehnten Jahrhundert begannen die Menschen damit, die Erde zu erforschen und die Ergebnisse auszuwerten, und sie kamen mit dem Sammeln der Fakten schneller voran, als sie diese verarbeiten und zu einem Gesamtbild formen konnten. Für die Biologen, die damit beschäftigt waren, die Einzelteile der Organismen zusammenzufügen, gab es Darwins große Vision von der Evolution der Arten lebendiger Organismen durch natürliche Selektion. Demgegenüber stand für die Geologen (die kaum mit den Biologen sprachen) die davon völlig unabhängige Theorie des Uniformitarianismus. Sie geht tatsächlich auf Hutton zurück und besagt, dass sich die Evolution der materiellen Umwelt allein nach einem physikalischen und chemischen Determinismus vollzieht. So beschritten die Wissenschaften, die sich einerseits mit der Erde und andererseits mit dem Leben beschäftigten, jeweils eigene Wege, die nichts mit Huttons Vision von der Erde als Ganzem zu tun hatten.

Bald darauf begannen die Geo- und Biowissenschaften sich voneinander zu trennen, und im neunzehnten Jahrhundert erschien diese Spaltung unausweichlich. Nicht nur, dass mit der Erforschung und Ausbeutung der Erde ein rascher Anstieg der Informationen über sie verbunden war, auch die Techniken, mit denen man Organismen untersuchte, unterschieden sich von denen, mit denen man den Ozean, die Luft und die Gesteine erforschte. Außerdem muss es eine unglaublich aufregende Zeit für junge Wissenschaftler gewesen sein, denn ständig wurde von neuen Entdeckungen berichtet. Auf jeden Fall hatte niemand die Zeit, um innezuhalten, Betrachtungen anzustellen, zurückzuschauen, sich einen Überblick zu verschaffen oder zu versuchen, Huttons übergreifenden Organismus am Leben zu erhalten. Das ist nicht weiter überraschend, es ist einfach menschlich und natürlich. Erstaunlich und bemerkenswert finde ich allerdings, dass die sich daraus ergebende Aufspaltung der Wissenschaften in Erd- und Biowissenschaften – und später sogar in noch weitere Aufgliederungen – bis in die heutige Zeit erhalten blieb. Der Grund liegt meiner Ansicht nach darin, dass Geologen ebenso wie Biologen die Idee der Anpassung akzeptiert haben und anderen

Ideen keine Beachtung schenkten. Denn innerhalb der Darwinschen Theorie ist es vor allem die Vorstellung der „Anpassung", von der sich die Biologie hat inspirieren lassen. Die Biologen gehen von der Annahme aus, dass sich die physikalische und chemische Welt nach den Regeln entwickelt, die in den geologischen Fachbereichen ihrer Universität festgestellt worden sind. Diese seien zwar möglicherweise interessant, für ihr Bestreben, die Evolution lebendiger Organismen zu verstehen, jedoch ohne Belang. Alle meinen, dass sie eines Tages die Zeit finden würden, sich damit zu beschäftigen, aber in der Praxis, das wissen Sie nur zu gut, wird das niemals geschehen. Biologen fühlen sich wohl bei der Vorstellung, dass sich der Organismus, wie auch immer die Umwelt sich verändern mag, einfach daran anpassen wird.

Auf eine sehr ähnliche Weise sind die Geowissenschaftler recht glücklich, diese Vorstellung fraglos hinnehmen zu können, denn das befreit sie von jeder Notwendigkeit, bei ihren Modellen von der Erde den Bedürfnissen lebender Organismen Rechnung zu tragen. Schließlich erzählen ihnen die Biologen, dass es Organismen gebe, die bei hundert Grad Celsius in heißen Quellen lebten, und andere, die auf dem Eis nahe am Gefrierpunkt existierten. Diese Spanne ist weit genug für jeden Geophysiker, der sich mit Klimatologie beschäftigt.

Anpassung ist ein sehr fragwürdiger Gedanke in der realen Welt, an die Lebewesen angepasst sind. Ihre Umwelt wird auch durch die Aktivitäten benachbarter Organismen bestimmt und nicht nur durch die blinden Kräfte von Chemie und Physik. In so einer Welt ist die Veränderung der Umwelt ein Teil des Spiels, und es wäre absurd anzunehmen, dass Organismen es unterließen, ihre Umgebung zu verändern, wenn sie durch diese Einflussnahme eine größere

Nachkommenschaft hätten. Ich bin sicher, dass Charles Darwin zu seiner Zeit dem nicht widersprochen hätte. Auf jeden Fall dürfen wir nicht vergessen, dass er damals nicht wusste, was wir heute wissen, nämlich dass die Luft, die wir atmen, die Ozeane und die Gesteine entweder direkte Produkte lebender Organismen sind oder aber durch ihre Anwesenheit stark verändert worden sind. Auf keinen Fall passen sich Organismen nur an eine tote Umgebung an, die allein durch Physik und Chemie bestimmt ist, sie leben in einer Welt, die aus dem Atem, den Knochen und dem Blut ihrer Vorfahren besteht und die sie nunmehr selbst erhalten.

Der russische Wissenschaftler Vladimir Vernadsky erkannte, dass die Geo- und Biowissenschaften viel zu scharf voneinander geschieden waren. Er war der Vater jener modernen Wissenschaft, die Biogeochemie genannt wird. Ich fürchte, dass dieser Begriff ein wenig wie ein Fluch klingt, aber wir Wissenschaftler neigen zu so etwas. Vernadsky und seine Nachfolger stellten fest, dass das Leben und seine physikalische und chemische Umgebung sich gegenseitig beeinflussen, dass Gase wie Sauerstoff oder Methan natürliche biologische Produkte sind. Was diese Forscher von anderen Geophysiologen oder uns Gaia-Leuten unterscheidet, ist, dass sie das Dogma der gängigen Biologie akzeptieren, wonach sich Organismen einfach an die Veränderungen ihrer materiellen Umwelt anpassen. Diese Richtung vernachlässigt die Folgen der Anpassung, wenn diese in einer Umgebung geschieht, die ihrerseits von den Organismen selbst angepasst worden ist. Und doch ist Vernadskys Weltsicht zu dem entwickelt und erweitert worden, was man heute Theorie der Ko-Evolution nennt. Sie findet sich in der Biogeochemie, der Biogeophysik und der philosophischen Anschauung wieder, die hinter dem letzten jener ambitionierten globalen Programme steht, dem Internationalen Geosphären-Biosphären-Programm, dem sich die Regierungen der Welt angeschlossen haben, um die Erde zu erforschen und zu verstehen. Ich wünsche ihnen viel Glück.

Emergente Eigenschaften

Der grundlegende Schwachpunkt dieser gängigen Forschungsrichtung besteht darin, dass sie im Wesentlichen immer noch eine „bottom-up"-Sicht vertritt und mit den emergenten Eigenschaften nicht umgehen kann – und diese Eigenschaften könnten zu einer Selbstregulierung der chemischen Zusammensetzung führen, von der das Klima auf der Erde abhängt. Vor allem aber lässt sie überhaupt nicht die Möglichkeit zu, dass die Erde in irgendeinem Sinne lebendig sein könnte, nicht einmal als physiologisches System. Vielleicht fragen Sie sich jetzt, worum es eigentlich geht. Nun, die Gaia-Theorie lehnt die Viktorianische Spaltung von Biologie und Geologie ebenso ab, wie dies die Theorie der Ko-Evolution tut, aber sie geht noch ein bisschen weiter. Gaia ist eine Evolutionstheorie, die die Evolution der Gesteine, der Atmosphäre und der Meere und die der Arten von Organismen als einen einzigen, eng ineinander greifenden Prozess begreift. Ein dynamisch sich entwickelndes System dieser Art zeigt emergente Eigenschaften; d. h. die Summe aller Einzelteile ergibt mehr, als man erwarten würde, wenn man sie getrennt betrachtet. Für Gaia wären die emergenten Eigenschaften die Regulierung des Klimas und der chemischen Zusammensetzung.

Bekanntermaßen ist es schwer, wenn nicht unmöglich, ein solches System mit Hilfe der Logik von Ursache und Wirkung zu erklären. Berufsmäßige Erfinder wie ich wissen dies aus eigener Erfahrung. Es ist gar nicht so schwer, ein kybernetisches System zu erfinden, aber es nimmt zwei oder drei Jahre in Anspruch, es seinen Kollegen zu erklären. Ebenso ist es fragwürdig, ob Falsifikationstests, die für physikalische Theorien sicher ihre Gültigkeit haben, sich wirklich auf Gaia oder andere lebende Systeme anwenden lassen, mögen sie auch noch so sehr in Mode sein. Wenn Sie Zweifel daran haben, betrachten Sie zum Beispiel das Problem, mit dem ein friedlicher Außerirdischer konfrontiert wäre, der mit dem Leben auf der Erde nicht vertraut ist und herausfinden möchte, ob eine Pyramidenpappel lebt. Nun, diese Bäume sind alle männlich und können deshalb nur durch Stecklinge fortgepflanzt werden. Die ausgewachsenen Bäume bestehen zu neunzig Prozent aus totem Holz, und die äußere Schicht besteht aus toter Borke. Das einzig Lebendige ist eine dünne Haut von lebendem Gewebe, die das Holz umgibt. In vielerlei Hinsicht ist das eine wunderbare Analogie zur Erde selber – auch sie hat nur eine dünne Schicht von lebendem Gewebe an ihrer Peripherie. Darüber befindet sich tote Atmosphäre, die die empfindliche Haut schützt, und darunter ist totes Gestein, genau wie beim Baum. Interessant daran ist, dass sowohl die tote Materie über dem Gewebe des Baumes als auch das Holz darunter – die Atmosphäre über uns und der Boden unter uns – fast vollständig aus dem Material bestehen, das einst Teil lebender Organismen war.

Vom begrenzten und dogmatischen Standpunkt des Neo-Darwinismus aus ist Leben einfach als etwas definiert, das in der Lage ist, sich fortzupflanzen, und der Umfang dieser Reproduktion reguliert sich durch natürliche Auslese unter der Nachkommenschaft. Diese Definition erscheint vernünftig, doch wenn sie dogmatisch angewendet wird, sind weder die Pappel, die ich eben erwähnt habe, noch eine alte Frau, noch Gaia lebendig; sie sind tot. Der Neo-Darwinist John Postgate startete in einem Artikel im *New Scientist* mit dem Titel „Is Gaia too big for her boots?" letztes Jahr einen Vernichtungsangriff auf Gaia. Es ist ein amüsanter Artikel und durchaus lesenswert. Darin legt er nahe, dass Gaia lediglich eine phantasievolle Neudarstellung des Gleichgewichts der Natur sei, etwas, das seit dem neunzehnten Jahrhundert allen Biologen wohl vertraut sei; er habe schon in der Schule davon gehört, meinte er. Postgate zitiert Huxleys Aussage, wonach grüne Pflanzen beim Wachstum Kohlendioxid verbrauchen und Sauerstoff ausscheiden, während Tiere Pflanzen als Futter verbrauchen und Kohlendioxid ausscheiden, sodass automatisch ein Gleichgewicht bestehe, das Bewegung und Menge von Sauerstoff und Kohlendioxid in der Luft festlege. Das sei alles, was man wissen müsse, es sei nicht nötig, etwas über Gaia zu wissen.

John Postgates Artikel las sich so, als ob Gaia der Todesstoß versetzt werden sollte, und ich hätte darüber bestürzt sein müssen. Doch dem war nicht so, denn andere, ebenso strenge Kritiker von Gaia, die hervorragenden Geochemiker Jim Walker und Dick Holland, wiesen John Postgates Ansichten entschieden zurück. Sie behaupteten, dass der Anteil sowohl von Kohlendioxid als auch von Sauerstoff in der Atmosphäre allein durch geochemische Kräfte bestimmt werde, Leben habe nichts damit zu tun. Sie stellten – und das mit Recht – fest, dass einzig durch den Ausstoß von Vulkanen Kohlendioxid netto hinzukommt und einzig durch Verwitterung, durch den Abbau von kalziumsilikathaltigem Gestein, Kohlendioxid netto abgebaut wird. Leben, sagten sie, verarbeite Kohlendioxid und Sauerstoff in einem Kreislauf, der sich auf die Anteile in der Atmosphäre nicht auswirke. Jim Walker und Dick Holland verwarfen sowohl Gaia als auch Postgate unter Hinweis darauf, dass man diese Ansätze nicht brauche, um den Kohlendioxid- und den Sauerstoffgehalt der Atmosphäre zu erklären. Sie sehen also, dass diese Geochemiker mit Biologen wie John Postgate die Ansicht teilen, dass ihre Erklärung für die Regulierung der atmosphärischen Gase ausreiche. Natürlich sind widersprüchliche Kritiken, die sich gegenseitig aufheben, wie die hier von Seiten der Biologie und der Geologie vorgebrachten, noch kein Beweis für Gaias Existenz. Sie sind nur die traurige Konsequenz einer verhängnisvollen Fragmentierung der Wissenschaft. Schlimmer noch, es gibt in der Biologie – möglicherweise als Resultat ihrer langen Auseinandersetzung mit religiösen Fundamentalisten – die Tendenz, dass die Biologen selbst dogmatisch sind und wie die Ayatollahs argumentieren. Sie wettern gegen jede Abweichung vom anerkannten Text des Neo-Darwinismus, selbst wenn dieser Text Passagen enthält, die ihr Heiliger Charles Darwin vielleicht abgelehnt hätte. Diese Tendenz ist so stark, dass Bischof Montefiore in seinem Buch *The Probability of God* bedeutende Neo-Darwinisten zitiert, um zu veranschaulichen, dass moderne Wissenschaftler sich dogmatischer verhielten als moderne Theologen! Ich trete der Kritik von Biologen und Geochemikern entgegen, nicht indem ich versuche, die Existenz von Gaia zu beweisen, sondern vielmehr, indem ich zeige, dass Gaia eine neue Art des Denkens über die Erde schafft, das – ob richtig oder falsch – an sich sinnvoll ist. Im Folgenden möchte ich einige Beispiele aus der jüngeren Forschung vorstellen, um zu verdeutlichen, was ich damit meine.

In den achtziger Jahren haben Mike Whitfield, Andrew Watson und ich in zwei Aufsätzen in der Zeitschrift *Nature* darauf hingewiesen, dass die Verwitterung von Gestein und die Ablagerung von Kalkstein in den Ozeanen nicht nur durch geochemische Prozesse erfolgen, wie Jim Walker und Dick Holland erklärt hatten, sondern dass auch Organismen ihren Anteil daran haben. Ohne Beteiligung von Leben verliefe die Verwitterung von Gestein – das ist der Abbau des Gesteins durch die Atmosphäre – viel zu langsam, um den derzeitigen niedrigen Anteil an Kohlendioxid in der Luft erklären zu können. Wir verwiesen in unseren Aufsätzen darauf, dass das Tempo der Verwitterung bei Anwesenheit von Leben dreißigmal höher wäre, und auf diese Weise könnte Gaia tätig sein. Die Behauptung war zu der Zeit spekulativ und gründete sich auf die Beoachtung, dass es viel mehr Kohlendioxid in der Erde gibt – so um die zehn bis vierzig Mal so viel – als in der Luft. Nun haben aber neue Messungen von zwei amerikanischen Wissenschaftlern gezeigt, dass die Verwitterung von Basaltgestein, also von vulkanischem Gestein, durch Bakterien – von Pflanzen ganz zu schweigen – tatsächlich sogar tausend Mal stärker ist als die Verwitterung des gleichen Gesteins unter sterilen Bedingungen. Dieser Effekt bewirkt eine so starke Zunahme des Kohlendioxidabbaus, dass er zwangsläufig Konsequenzen auf das Klima hat, und zwar durch die Rolle, die Kohlendioxid als Treibhausgas spielt. Das bedeutet, Leben wird immer versuchen, die Temperatur der Erde niedrig zu halten, wenn die Strahlung der Sonne stark ist, so wie zurzeit. In welchem Umfang das Klima dadurch reguliert wird, kann anhand einfacher Modelle mit Hilfe des Computers errechnet werden. Es liegt nahe, dass die Regulierung sich auf einem Niveau einpendelt, das Organismen entgegenkommt, so wie es jetzt der Fall ist, und dass das System sehr wenig anfällig für Störungen ist.

Abgesehen von den letzten zwei Jahren hatte die Gaia-Forschung sehr bescheidene Ausmaße, denn rund um den Globus waren nicht mehr als fünf Wissenschaftler daran beteiligt. Wir arbeiteten alle in unserer Freizeit an dem Thema, und niemand wurde dafür bezahlt. Unter diesen Umständen war es nicht möglich, sich mit großem Einsatz um die Entwicklung von Tests zu bemühen, um die Existenz globaler Systeme nachzuweisen oder dergleichen. Das ist in der Tat ein sehr teures Geschäft. Deshalb hielten wir es für besser, uns in der Welt umzusehen und, angeregt durch die Vorhersagen der Theorie – mochte sie nun richtig oder falsch sein –, Informationen zu sammeln. Es spielte keine Rolle, was wir taten, solange wir objektiv blieben. Ein gutes Beispiel dafür war eine Expedition, die ich 1972 an Bord des britischen Forschungsschiffes *Shackleton* in die Antarktis unternahm. Ziel dieser Reise war es, Vorkommen von Schwefel- und Jodverbindungen im Meer und in der Atmosphäre aufzuspüren. Nach den Vorhersagen der Gaia-Theorie sind Verbindungen dieser Art nötig, um diese Elemente aus dem Meer, in dem sie reichlich vorhanden sind, auf das Land zu überführen, wo sie nur spärlich vorkommen und durch die ständige Rückführung als lösliche Salze in Flüssen und Strömen noch knapper werden. Die Messungen, die während der Reise durchgeführt wurden, ergaben, dass die Gase Dimethylsulfid, Methyljodid und andere überall in der gesamten Umgebung der Meere vorhanden waren. Ich sollte an dieser Stelle hervorheben, dass der bloße Gedanke, der Schwefelkreislauf könnte etwas so Exotisches und Bizarres wie Dimethylsulfid als eine Hauptkomponente enthalten, von Geochemikern in den siebziger Jahren vollkommen abgelehnt wurde. Sie hielten auch dann noch daran fest, als wir unsere Ergebnisse im Anschluss an die Reise veröffentlichten. Gleichwohl hat nach dieser Expedition, die zur Suche nach Gaia gehörte, eine neue wissenschaftliche Forschung eingesetzt, die bis heute weiter zunimmt. Tatsächlich legen neuere Entdeckungen nahe, dass dies derzeit zu den aufregendsten Bereichen der Ozeanographie und Klimaforschung gehören könnte.

Lassen Sie mich nun ein wenig mehr über die Verbindung zwischen den Organismen im Meer, den Algen, und diesem eigenartigen Gas Dimethylsulfid erzählen und davon, auf welche Weise es mit den Wolken über dem Meer und dem Klima zusammenhängt. Ende der siebziger Jahre unternahm ein deutscher Wissenschaftler, Andi Andreae, eine Reihe von Meeresexpeditionen, um herauszufinden, ob meine Berichte der Wahrheit entsprachen, und um zu untersuchen, welche Rolle dieses eigenartige Gas spielt. Auf diesen Reisen konnte er die Messungen, die ich auf der *Shackleton* gemacht hatte, nicht nur bestätigen, sondern gelangte sogar zu viel weiter gehenden Erkenntnissen: Er wies nach, dass Dimethylsulfid die bedeutendste natürliche Schwefelverbindung ist, das Gas, das in Wirklichkeit Schwefel in der Welt verbreitet. In den frühen achtziger Jahren erörterten Andi Andreae, die beiden amerikanischen Meteorologen Robert Charlson und Stephen Warren und ich, welche Rolle dieses seltsame Gas im Schwefelkreislauf spielen könnte. Insbesondere betrachteten wir die Möglichkeit, dass die atmosphärische Oxidation – also der Abbau jenes Dimethylsulfids in der Atmosphäre – Tröpfchen von Schwefelsäure und anderen Säuren erzeugen könnte. Es könnte ja sein, dass diese Tröpfchen als das dienen, was die Meteorologen Wolkenkondensationskerne nennen, dass sich also um diese winzigen Tröpfchen Wolken bilden, ja dass es ohne sie keine Wolken gäbe. Stattdessen gäbe es große Wassertropfen, die als Regen aus der Luft fielen. Andi Andreae und ich erfuhren, dass die Meteorologen allesamt verdutzt waren, denn niemand hatte je zuvor angenommen, dass eine Quelle dieser Wolkenkondensationskerne über den Ozeanen liegen könnte. Das Oxidationsprodukt des Gases, das wir gefunden hatten, lieferte das fehlende Glied in der Kette.

Zuvor hatte ein Wissenschaftler aus Alaska, Glen Shaw, behauptet, dass Gaia durch den Ausstoß von anderen Schwefelgasen aus biologischen Meeressystemen auf sehr „billige" Weise das Klima regulieren könne. Nach seiner Vorstellung würden diese Gase in der Stratosphäre oxidieren und dort ein Aerosol von Schwefelsäuretröpfchen erzeugen, das das Sonnenlicht reflektieren und so die Erde kühlen würde. Ein solcher Prozess würde wenig „kosten", denn sehr wenig Schwefel erzielte eine große Wirkung. Dieser Prozess mag in vergangenen Epochen bedeutsam gewesen sein, aber es gibt keinen Beweis dafür, dass er zurzeit eine entscheidende Rolle spielt. Wenn die Vorstellung richtig ist, dass diese Schwefelsäure- und andere Säuretröpfchen die Kondensationskerne von Wolken darstellen, würde es allerdings zu einer enormen Verstärkung dieses Effekts kommen. Die Lichtreflektion würde ebenso stark zunehmen und könnte zu einem entscheidenden Faktor der Klimaregulierung werden. Wir vier haben unsere Gedanken 1987 in einem Aufsatz in *Nature* niedergelegt.

Die Voraussagen, die wir über die Verbindung zwischen Wolkenreflexion einerseits und Schwefelgaskonzentration andererseits getroffen hatten, wurden noch im selben Jahr durch Satellitenbeobachtungen von Wissenschaftlern des National Center of Atmospheric Research in den Vereinigten Staaten überprüft. In ihrem Papier stellten sie fest, dass unsere Vorhersagen bis auf ein paar Prozentpunkte bestätigt worden seien. Es schien, dass wir durch eine „top-down"-Sicht einen Mechanismus der Klimaregulierung entdeckt hatten, der so stark wie der Treibhauseffekt ist und diesem möglicherweise entgegenwirken könnte. Die düstere Prophezeiung einer unausweichlichen globalen Erwärmung wäre damit widerlegt. Obwohl die meisten Wissenschaftler, die sich mit der Atmosphäre beschäftigen, akzeptiert haben, dass eine Verbindung zwischen der Wolkendichte und dem genannten Gas besteht, werden die Möglichkeiten einer Selbstregulierung weiterhin vehement bestritten. In einem im letzten Jahr in der Zeitschrift *Nature* veröffentlichten Aufsatz stellt Schwartz unter Hinweis auf andere Belege aus der Satellitenbeobachtung die Behauptung auf, dass wir falsch lägen. Weitere unabhängige Wissenschaftler, deren Aufsätze in den nächsten Monaten erscheinen, stützen hingegen unsere These. Diese Debatte ist typisch für die Wissenschaft und für die Art und Weise, wie schließlich die Wahrheit ans Licht kommt.

Das vielleicht faszinierendste Beweisstück aus der Wolken-Algen-Sammlung stammt von Gletschereisanalysen, die Professor Delmas aus Frankreich in der Antarktis durchführte. Sein Ergebnis: Wenn man tiefer in das Gletschereis eindringt, bleibt das im Eis eingeschlossene atmosphärische Kohlendioxid so lange konstant, bis man in eine Tiefe gelangt, die der Zeit vor zehntausend Jahren entspricht. An diesem Punkt nimmt das Kohlendioxid rapide ab, bevor es in dem der letzten Eiszeit entsprechenden Bereich ein Niveau von unter 200 Teilen pro Million erreicht. Während der gesamten Zeit der Gletscherbildung bleibt es dann auf diesem niedrigen Niveau. Zu der gleichen Zeit jedoch, in der das Kohlendioxid so übermäßig stark abnimmt, steigt das Niveau einer Substanz namens Methansulfonsäure – eines Zerfallsprodukts von Dimethylsulfid – bis zu fünfmal stärker an als während der Warmzeit, die auf die Eiszeit folgte. Auch hier war der Zustand vor und nach dem Wechsel konstant. Also bestand die Möglichkeit, dass die Erde während der Eiszeit teils durch ein niedriges Kohlendioxid-Niveau kalt blieb und teils durch stärkere Bewölkung über den Ozeanen, die das Sonnenlicht ins Weltall reflektierte. Vielleicht sollte ich an dieser Stelle hinzufügen, dass es sehr gute Gründe für die Annahme gibt, dass eine Eiszeit ein gesundes Stadium für unseren Planeten darstellt, dass Gaia es kalt mag. Es ist unwahrscheinlich, dass diese Geschichte innerhalb weniger Jahren in allen Einzelheiten erforscht werden kann, aber sie hat genügend Aufmerksamkeit innerhalb der Wissenschaften gefunden, um die „top-down"-Sicht für die Geowissenschaften zu rechtfertigen.

Ein ganz anderer, jedoch komplementärer Umgang mit Messungen und Experimenten besteht darin, ein mathematisches Modell zu konstruieren und dann zu sehen, wie gut sich damit die beobachteten Systeme erklären lassen. Zunächst könnte man denken, dass eine solche Vorgehensweise nichts bringt. Die Schleifen von Rückkopplungen, die Leben und Umwelt miteinander verbinden, sind so zahlreich und kompliziert, dass man nicht den Hauch einer Chance hätte, ein Modell zu entwickeln, mit dem sich die Erde als Ganzes quantifizieren und verstehen ließe. Das ist sicher richtig, und doch habe ich Weihnachten 1981 ein einfaches Modell der Erde aufgestellt. Ich wollte damit der Kritik einiger Biologen entgegentreten, die behaupteten, der Gaia-Gedanke sei ziemlicher Blödsinn, weil er davon ausgehe, dass die Regulierung der Erde absichtsvoll erfolge. Bestünde diese Absicht in der natürlichen Auslese, dann hieße dies, dass es einen Ausschuss geben müsse, in dem sich die Arten jährlich treffen, um zu entscheiden, wie das Klima im nächsten Jahr aussehen sollte. Das ist natürlich lächerlich. Die Kritik war ziemlich gut und brachte mich für lange Zeit ins Grübeln. An jenem Weihnachten wurde mir plötzlich klar, dass man ihr mit einem einfachen Modell begegnen könnte. Das erste dieser Modelle wurde als „Gänseblümchen-Welt" bekannt. Ich fürchte, dass es vielen von Ihnen bis zur Langeweile vertraut ist, aber ich will es trotzdem noch einmal kurz erklären, denn auch wenn man das System an sich vor Augen hat, werden die Einzelheiten nur allzu oft als selbstverständlich hingenommen und missverstanden. Es stellt wiederum den Archetypus für komplexere und brauchbarere Modelle von der Physiologie der Erde dar, auf die ich in dieser Vorlesung nicht zu sprechen kommen werde.

Die Gänseblümchen-Welt

Stellen Sie sich einen Planeten vor, der wie die Erde aussieht und sich in einer vergleichbaren Umlaufbahn um einen Stern von derselben Masse und Zusammensetzung wie unsere Sonne bewegt. Dieser Stern erwärmt sich, wie alle anderen auch, wenn er älter wird. (Ich weiß, Astronomen sind ein ziemlich wankelmütiger Verein, aber das gehört zu dem wenigen, bei dem sie einer Meinung sind.) Wie auch immer, der Planet dreht sich wie die Erde, aber seine Atmosphäre hat nur wenige Wolken und eine konstante Konzentration von Treibhausgasen. Unter diesen Umständen lässt sich die mittlere Oberflächentemperatur recht einfach errechnen. Sie ergibt sich aus dem Gleichgewicht zwischen der Hitze, die der Planet von seiner Sonne erhält, und der Menge an Hitze, die er ins Weltall abstrahlt. Die Farbe des

Planeten – das, was die Astronomen Albedo nennen – legt fest, welche Temperatur er hat. Gehen Sie nun davon aus, dass der Planet von Gänseblümchensamen übersät ist, teils von dunklen, teils von hellen. Die Wachstumsrate ist eine einfache parabolische Funktion in Abhängigkeit von der Temperatur – die Gänseblümchen wachsen nicht, wenn die Temperatur unter fünf Grad sinkt (dann ist es zu kalt), und sie gedeihen nicht bei über 40 Grad. Das beste Wachstum erreichen sie bei etwa 20 Grad, also irgendwo in der Mitte. Gehen Sie nun von der Voraussetzung aus, dass der Planet gut bewässert ist und dass es keinen Mangel an Nährstoffen gibt. Wenn Sie all das unterstellen, dann ist ziemlich leicht vorherzusagen, an welcher Stelle der Planet mit Gänseblümchen bedeckt sein wird. Man muss dafür nur die mittlere Oberflächentemperatur kennen und die aus der Populationsbiologie gewonnenen Gleichungen anwenden.

Der herkömmlichen Wissenschaft zufolge würde die Evolution dieses einfachen Planeten wie folgt aussehen: Wenn sich die Sonne erwärmt, steigt die Temperatur auf dem Planeten. Erreicht sie fünf Grad, beginnen die Gänseblümchen, sowohl die dunklen wie auch die hellen, zu wachsen. Bei mittleren Temperaturen gedeihen sie am besten. Im weiteren Alterungsprozess der Sonne erreichen die Temperaturen auf dem Planeten 40 Grad, und die Gänseblümchen, für die es zu heiß wird, stellen ihr Wachstum ein. So lautet die herkömmliche Überzeugung. Und ich halte sie für ziemlichen Unsinn.

Tatsächlich wird meiner Ansicht nach Folgendes passieren: Sobald sich die Sonne so stark erwärmt hat, dass die Temperatur auf dem Planeten fünf Grad erreicht, beginnen die Gänseblümchen zu wachsen. In der ersten Saison gedeihen die dunklen besser als die hellen, einfach deshalb, weil sie das Sonnenlicht besser absorbieren und wärmer sind. Denken Sie daran, dass die Temperatur auf dem Planeten gerade ausreichend ist, damit sich Gänseblümchen überhaupt entwickeln können. Es sind also die dunklen, die blühen und Samen verteilen; weiße Gänseblümchensaat wird es kaum geben. Zu Beginn der nächsten Saison gehen die dunklen Gänseblümchen mit einem Vorsprung an den Start. Nun, das ist die ganz normale Darwinsche natürliche Auslese, es liegt hier kein besonderer Trick vor. Die dunklen Gänseblümchen wachsen, und bald erwärmen sie nicht nur sich selbst, sondern auch ihre Umgebung. Es beginnt ein Temperaturanstieg mit einem enormen positiven Rückkopplungseffekt (die Biologie bringt manchmal positive und nicht nur negative Rückkopplungseffekte hervor, das sollte man nicht aus dem Auge verlieren). Solange die regionalen Temperaturen bis in den mittleren Bereich steigen, nimmt auch die Population der dunklen Gänseblümchen zu. Dies geschieht jedoch nicht auf unbestimmte Zeit, denn irgendwann ist die optimale Temperatur für das Wachstum der Gänseblümchen überschritten, und es verlangsamt sich. Doch dabei bleibt es nicht, denn jetzt ist es auch warm genug für die hellen, die nun hinsichtlich Blüte und Aussaat in den Wettbewerb treten. Auch sie strahlen einen Teil der Sonnenwärme ab und verschaffen sich damit einen Wettbewerbsvorteil bei den höheren Temperaturen, was zu einer Verringerung der Anzahl von dunklen Gänseblümchen und dazu führt, dass die Temperatur wieder in den optimalen Bereich absinkt. Und so geht es weiter: von den dunklen zu den hellen, von den hellen zu den dunklen Gänseblümchen. Hierbei zeigt sich, dass dieser einfache Wettbewerb zwischen den beiden Gänseblümchensorten die Temperatur auf dem Planeten sehr nahe am Optimum für Gänseblümchen hält, und dies für einen sehr großen Bereich der Sonnenhelligkeit. Hier haben Sie also ein System, das veranschaulicht, wie Gaia funktionieren kann, ohne dass es Voraussicht, Planung oder so etwas gibt.

Ich glaubte, meine Kritiker unter den Biologen damit überzeugt zu haben, aber weit gefehlt. Ihre Entgegnung lautete: „Oh ja, das ist ein sehr hübsches Modell, aber in der wirklichen Welt würde es Gänseblümchen geben, die allen ein Schnippchen schlagen." Was ist damit gemeint? Nun, Gänseblümchen, die keine Energie darauf verwenden, Pigmente zu bilden, und sich deshalb im Vorteil befinden. Sie würden wachsen und das ganze System übernehmen, es würde nicht funktionieren. Gut, es ist recht einfach, noch eine Gänseblümchensorte hinzuzufügen – es handelt sich nur um eine weitere Differentialgleichung. Also setzte ich drei Sorten ein, eine davon war grau und nahm keinen Einfluss auf das Klima. Bei den beiden anderen setzte ich einen Anteil von fünf Prozent der Wachstumsrate für die Pigmentbildung an. So erhalten Sie sogar eine bessere Regulierung als mit zwei Gänseblümchensorten, und natürlich wird Ihnen jeder ökologische Feldforscher bestätigen, dass ein weiter ausdifferenziertes Ökosystem besser ist als fast jede Zucht! Tatsächlich ergeht es den Gänseblümchen, die keine Pigmente bilden, nicht besonders gut, jedenfalls nicht so gut wie den angenommenen hellen oder dunklen. Das ist bei genauerer Betrachtung sehr nahe liegend. Wenn der Planet sehr kalt ist, sind nur die dunklen Gänseblümchen in der Lage zu wachsen, keine der beiden anderen kann genügend Wärme für sich erzeugen, um den Wachstumsprozess zu starten. Ist der Planet sehr heiß, können nur die hellen wachsen, denn sie können sich als Einzige kalt genug halten. Der einzige Bereich, in dem die dritte Sorte gedeihen kann, liegt in der Mitte, wo die Regulierung nicht benötigt wird.

Als ich dieses einfache Modell entwickelte, war mir nicht bewusst, dass ich damit gegen alle Regeln der Populationsbiologie verstieß. Es heißt, dass sich nicht mehr als zwei Arten gleichzeitig in einem Modell unterbringen ließen. Wenn Sie es versuchten, würde das Modell chaotisch, die Mathematik „explodierte". In der Schule, in der ich das wissenschaftliche Handwerk erlernt habe, war es üblich, erst das Experiment zu machen und anschließend darüber etwas nachzulesen – glücklicherweise, denn andernfalls hätte ich die Literatur studiert und niemals das Experiment durchgeführt! Ich fuhr blindlings weiter fort und bildete den Wettbewerb von zehn verschiedenfarbigen Gänseblümchen ab, was wirklich übertrieben ist. Doch mir gelang damit der theoretische Nachweis, dass Diversifikation in einem Ökosystem, dass eine große Vielfalt von Arten eine gute Sache ist. Es erzeugt eine größere Stabilität, denn bei maximaler Vielfalt reguliert sich das System am effizientesten. Wenn die Regulierung sehr schlecht funktioniert, also wenn das System gerade entstanden ist oder bereits abstirbt, dann ist die Vielfalt am geringsten. Ich denke also, in diesem speziellen Modell ist eine echte Botschaft enthalten.

Die Gänseblümchen-Welt, die ich beschrieben habe, ist nur eine Erfindung – eine Veranschaulichung, um zu zeigen, wie Gaia meiner Meinung nach arbeitet und warum Voraussicht und Planung nicht herangezogen werden müssen, um die automatische Regulierung zu erklären. Aber wenn ein solches Modell bis in die Einzelheiten ausgearbeitet wird, liefert es eine allgemeine und theoretische Grundlage für Gaia. Ich sehe darin ein Modell von der Art, wie es der erste Populationsbiologe, Alfred Lotka – ein kluger, undogmatischer Mann –, im Sinn hatte, zu seiner Zeit, 1925, jedoch nicht weiterentwickeln konnte. Damals gab es keine Computer, die ihm die immensen Berechnungen von Hand hätten abnehmen können, die selbst für ein einfaches Gänseblümchenmodell wie das eben vorgestellte erforderlich sind.

Den Planeten gesund erhalten

Zum Abschluss möchte ich darüber sprechen, wie Gaia und die „top-down"-Sicht auf die Erde uns zu einem besseren Verständnis der Probleme verhelfen könnte, die durch die große Anzahl an Menschen und die dadurch hervorgerufenen Störungen der globalen Umwelt entstehen. Zum Beispiel hoffe ich, dass die grüne Bewegung – aus der Perspektive „kleiner" Wissenschaft betrachtet – etwas Sinnvolles aus dieser „top-down"-Sicht auf die Erde lernen kann.

Umweltschutzgruppen stehen der Wissenschaft und Wissenschaftlern häufig ablehnend gegenüber. Ich denke, dass sie Recht haben, wenn sie den Behauptungen der „großen" Wissenschaft mit Skepsis begegnen, insbesondere wenn es um einige vermessene und überspannte Forschungen geht. Die egoistische Selbstdarstellung spielt in diesem Zusammenhang eine enorme Rolle und hat weder mit Wissenschaft noch mit dem Wohlergehen der Menschen zu tun. Wir Wissenschaftler vergessen häufig, dass sich in unserer Tätigkeit die Bedürfnisse und Vorurteile der wissenschaftlichen Gemeinschaft, der wir angehören, widerspiegeln. Die Gemeinschaft der Wissenschaftler ist selbst gespalten und unsicher angesichts des weltweiten Rückgangs von Forschungsgeldern. Wissenschaftler sind auch nur Menschen und größtenteils mit ihren Karrieren, ihren Pensionen, ihrer Absicherung und all diesen Dingen beschäftigt. Es ist auch nicht leicht für sie, selbst Verantwortung zu übernehmen, wenn sie keine Rechenschaft ablegen müssen, denn zum Ethos der Wissenschaft gehört es ja gerade, frei und ohne Vorschriften zu entscheiden, was man tun möchte.

Aus alledem folgt, dass die von Grünen oft aufgestellte Liste dessen, was vorrangig zu tun sein, nicht das wiedergibt, was sie selbst meinen, sondern dass sie sich an den Prioritäten der wissenschaftlichen Arbeit orientiert, und das sind weder die der Menschen und noch gar die unseres Planeten. Das hat meiner Ansicht nach dazu geführt, dass die von der grünen Bewegung aufgestellte Liste globaler Gefahren bis vor kurzem so aussah: Ganz oben stehen nukleare Einrichtungen – seien es Kernkraftwerke, Wiederaufbereitungsanlagen, Lager für Atommüll oder Bomben. Es folgt das Ozonloch, und an dritter Stelle erscheinen die Gefahren durch die Chemie-Industrie. Mit anderen Worten, die ersten drei Ränge besetzen Dinge, die krebserregend sind oder zu Erbveränderungen beim Menschen führen. Es handelt sich aber zugleich um Dinge, die für Wissenschaftler sehr leicht zu messen und zu erforschen sind. Interessanterweise ängstigen sie uns so sehr, dass wir bereit sind, z. B. Krebsforschungszentren und die Wissenschaftler, die zu diesen Themen arbeiten, zu unterstützen. Ich will nun keineswegs unterstellen, dass es irgendeine Form von Verschwörung gibt, die sich eine solche Angst zunutze machte, um Fördermittel für diese Art von Arbeit zu erhalten. Und doch, es bedurfte schon einer so starken Persönlichkeit wie unserer Premierministerin, um den Grünen die Flagge zu entreißen und den Akzent auf die Gefahren für den Planeten statt für uns Menschen zu legen – so geschehen in ihrer Rede vor der Royal Society im letzten Jahr. Dass es so weit gekommen ist, hat für mich schon etwas von einer Anklage gegen uns alle, die wir zur grünen Bewegung gehören.

Bevor Margaret Thatcher ihre Rede hielt, hatten die Gefahren, die von Treibhausgasen – Schadstoffen wie Kohlendioxid und Methan, die für unseren Planeten bedrohlich sind – ausgehen, weiter unten auf der Liste rangiert, wahrscheinlich unterhalb des sauren Regens, aber über der Zerstörung der tropischen Regenwälder. Für mich liegt eine riesige, dringliche und mit Bestimmtheit eintretende Gefahr in der Rodung der tropischen Regenwälder. Der Treibhauseffekt mag künftig ein noch größeres Risiko darstellen, aber zur Zeit gilt dies noch nicht. Die Feuchttropen sind nämlich beides – Lebensraum für den Menschen und ein physiologisch bedeutsames Ökosystem. Dieser Lebensraum wird gerade in einem ziemlich rücksichtslosen Tempo zerstört; in der Ersten Welt versuchen wir auf renommierten wissenschaftlichen Veranstaltungen den Erhalt dieser Tropenwälder allerdings nur mit dem ziemlich kläglichen Argument zu rechtfertigen, dass darin seltene Pflanzen- und Tierarten lebten – sogar Pflanzen, die Stoffe enthalten, mit denen sich der Krebs besiegen ließe. All das mag richtig sein, und die Wälder mögen sogar geringfügig dazu beitragen, dass Kohlendioxid in der Luft abgebaut wird. Aber sie leisten unermesslich viel mehr durch ihre Fähigkeit, ungeheure Mengen an Wasserdampf, Gasen und Teilchen zu verdunsten, die zur Wolkenbildung beitragen. Diese Wälder halten das ganze Gebiet kalt und feucht, indem sie einen Sonnenschirm aus weißen, reflektierenden Wolken aufspannen und den Regen bereitstellen, der den Erhalt der Region sichert. Jedes Jahr verbrennen wir Wälder von der Fläche Großbritanniens und ersetzen sie häufig durch primitive Rinderfarmen. Im Gegensatz zu Rinderweiden in den gemäßigten Regionen werden diese schnell zu Wüste, woraufhin noch mehr Bäume gefällt werden und der furchtbare Prozess der Verbrennung der schützenden Haut um die

Erde sich fortsetzt. Wenn erst einmal mehr als 70 bis 80 Prozent der tropischen Wälder zerstört sind, können die übrig gebliebenen ihr Klima nicht aufrechterhalten, und das gesamte Ökosystem kollabiert. Im Jahr 2000 werden wir bei der derzeitigen Rodungsrate weltweit 65 Prozent aller Wälder in den Feuchttropen abgeholzt haben.* Danach wird es nicht mehr lange dauern, bis sie ganz und gar verschwunden sind; und wenn das geschieht, wird etwa eine Milliarde armer Menschen, die in diesen Regionen leben, ohne Unterstützung in einer Art riesiger Wüste zurückbleiben. In meinen Augen ist das eine Bedrohung in der Größenordnung eines größeren Atomkrieges: Stellen Sie sich nur die Folgen für die Menschen vor, das Leid, die Flüchtlingsströme, die Schuld und die politischen Konsequenzen eines solchen Ereignisses. Es wird dies zu einer Zeit stattfinden, in der wir in der Ersten Welt mit den ersten Überraschungen und Katastrophen des Treibhauseffektes zu kämpfen haben, der durch die Rodung der Tropenwälder noch angeheizt wird. Wir werden möglicherweise nicht in der Lage sein zu helfen.

Zusätzlich zu dieser unmittelbar drohenden Katastrophe werden wir, wenn die Klimatologen mit ihren Prognosen richtig liegen und der Gaia-Effekt geringer ausfällt als ich denke, in den nächsten Jahrzehnten eine bedeutende Phase der Veränderung unseres Planeten erleben. Wir, die erste gesellschaftlich intelligente Spezies unseres Planeten, haben das Privileg, sowohl Verursacher als auch Beobachter dieses Wandels zu sein. Das Ereignis, von dem ich spreche, ist natürlich ein großer Klima-Umschwung. Einer, der

* Diese Prognose ist der Einschätzung von „Rettet den Regenwald e. V.", Hamburg, zufolge zutreffend gewesen. Tendenziell sei die heutige Situation sogar noch etwas schlimmer als damals befürchtet.

zwei- oder sogar sechsmal so groß sein könnte wie die seit der letzten Eiszeit bis heute eingetretene Veränderung.

Während der letzten Vereisung vor einigen zehntausend Jahren erreichten die Gletscher den Breitengrad von St. Louis in Amerika und die Alpen in Europa. Der Meeresspiegel lag mindestens hundertzwanzig Meter niedriger als heute, und als Folge davon ragte eine Landfläche von der Größe Afrikas in Form von Festlandsockeln aus dem Wasser. Diese waren mit Vegetation bedeckt. Sie verstehen, was ich damit meine, dass Gaia es gern kalt hat – es war eine lebendige und freundliche Erde. In den Tropen war es fast so warm wie heute, nur die Polargebiete waren sehr viel kälter und größer. Es war sehr angenehm, auf diesem Planeten zu leben, und er war die Heimat einfacher natürlicher Menschen, die gerade damit anfingen, solche hübschen Ökozid-Tricks wie das Jagen durch Feuer zu erlernen – setz den Wald in Brand, und du hast im Handumdrehen ein lustiges Grillfest für alle. Die Menschen waren damals auch nicht besser als heute.

Um zu verstehen, was uns im 21. Jahrhundert erwartet, stellen wir uns eine Klimaveränderung vor, die mindestens zweimal so große Ausmaße hat wie diejenige, die seit der letzten Eiszeit bis heute stattgefunden hat. Davon nämlich sprechen die Klimatologen: vom Beginn einer Hitzezeit. Die Temperatur und der Meeresspiegel werden sich von Jahrzehnt zu Jahrzehnt verschlechtern, bis schließlich die Erde verbrannt, eisfrei und nicht mehr wiederzuerkennen sein wird. Dieses „Schließlich" liegt noch eine ganze Zeit vor uns und wird möglicherweise nie eintreten. Worauf wir uns jetzt vorbereiten müssen, sind Ereignisse, die unmittelbar mit dem Wandel einhergehen. Diese Ereignisse, die gerade erst einzusetzen beginnen, werden wahrscheinlich ähnliche Überraschungen darstellen und ebenso wenig durch große Wissenschaftsmodelle vorhersagbar sein wie das Ozonloch selbst. Dabei kann es sich um Extreme wie wilde Stürme oder unerwartete atmosphärische Vorfälle handeln. Die Natur ist in ihrem Verhalten nämlich nicht geradlinig und vorhersehbar, und das gilt besonders in einer Zeit des Wandels. Aber was ist mit Gaia? Wird sie nicht reagieren und den Status quo aufrechterhalten? Nun, bevor wir erwarten, dass Gaia eingreift, sollten wir zur Kenntnis nehmen, dass die derzeitige Zwischeneiszeit, wie ich ausgeführt habe, von Gaia wie ein „Fieber" wahrgenommen werden könnte. Sich selbst überlassen, würde sie in den für sie normalen, angenehmen und gesunden Zustand einer Eiszeit zurückkehren. Möglicherweise ist sie nicht in der Lage, sich diese Erleichterung zu verschaffen, weil wir ihre Haut abgetragen und als landwirtschaftliche Fläche genutzt haben, insbesondere die Bäume jener Wälder, die andernfalls eine große Bedeutung für ihre Gesundung gehabt hätten. Außerdem haben wir auf einen bereits fiebernden Patienten eine gewaltige Decke von Treibhausgasen gelegt. Unter diesen Umständen ist es viel wahrscheinlicher, dass Gaia erschaudert und in einen neuen stabilen Zustand übergeht, der einer anderen, verantwortlicheren Spezies angemessener ist. Es könnte sehr viel heißer oder auch sehr viel kälter sein, auf jeden Fall wird es nicht mehr die angenehme Welt sein, wie wir sie kennen.

Der einzige Hoffnungsschimmer, den ich habe, ist die Entdeckung, auf die ich beim Nachdenken über Gaia gekommen bin, nämlich die Entdeckung des Gases Dimethylsulfid und der Verbindungen, die zwischen dem Gas, den in den Meeren lebenden Algen und den darüber schwebenden Wolken bestehen. Ohne dieses Gas würde es weniger und nicht so dichte Wolken über den Weltmeeren geben, und ohne diese weißen Wolken wäre es viel heißer, denn die dunklen Ozeane absorbieren die Sonnenhitze, die weißen Wolken hingegen reflektieren sie ins Weltall zurück. Wenn also das Algenwachstum weiter zunimmt und die Algen im Verlauf der Erderwärmung mehr von ihrem Gas abgeben, könnte dies bis zu einem bestimmten Ausmaß dem Treibhauseffekt entgegenwirken. Die politischen und menschlichen Folgen der beiden Akte des Geozids – Waldrodung und Ersticken durch Treibhausgase – werden die Nachrichten beherrschen und die Tagesordnung der Politik bestimmen. Sehr bald und plötzlich könnte es in den Feuchttropen eine Milliarde Menschen und mehr geben, die unter Dürre und Überschwemmungen leiden, möglicherweise bei einem Temperaturmittel wie in der australischen Wüste. Sie werden in dieser riesigen unfruchtbaren Gegend allein gelassen, da wir ihnen vielleicht nicht helfen können. Diese Vorhersagen sind kein fiktives Untergangsszenario, sondern leider fast schon Gewissheit. Ich glaube, wir verhalten uns wie eine moderne Version der Säue der Gadarener.* Wir fahren unsere Autos, die die Umwelt verschmutzen, achtlos den Abhang hinab ins Meer, das ansteigt, um uns zu ertränken.

Ich habe als auf mich selbst gestellter, unabhängiger Wissenschaftler gesprochen, doch ich bin weit davon entfernt, außerhalb der Sorgen der Menschheit zu stehen. Ich habe acht Enkelkinder und wünsche mir, dass sie in einer Welt aufwachsen, die ihnen eine Zukunft bietet. Nichtsdestoweniger bin ich dadurch, dass ich ein unabhängiges Leben im Sinne Schumachers führe, in eine Position geraten, die bisher unbesetzt war: Ich bin eine Art Vertrauensmann für

* Anspielung auf Matthäus 8, 28–34: Im Land der Gadarener stürzt sich eine von Dämonen besessene Herde Säue einen Abhang hinab ins Wasser; Anm. d. Übers.

das Leben, das auf diesem Planeten geblieben ist. Ich vertrete alle nicht-menschlichen Lebewesen, einschließlich der Bakterien, der Würmer und der weniger attraktiven Formen des Lebens. Ich muss so handeln, weil es so viele Fürsprecher für die Menschen gibt, aber nur so wenige für all die anderen, von denen der Planet abhängt – viel stärker als von uns. Von meinem Labor in West Devon aus kann ich nachts die Sterne der Milchstraße sehen, und am Tag kann ich die Vögel hören und die Erde riechen. Auf diese Weise die Erde zu sehen und zu spüren und sie als einen lebenden Organismus zu empfinden, erfüllt die christliche Auffassung der Fürsprache mit Sinn und richtet unsere Herzen und Gedanken auf das, was unsere vorrangigsten Umweltbelange sein sollten: Pflege und Schutz der Erde selbst und insbesondere der tropischen Regenwälder. Es genügt nicht, sich um die Menschen zu kümmern – niemand hat das Recht, diesen Planeten zu besitzen, nicht einmal eine ganze Spezies. Wenn wir die Verantwortung für unseren Planeten nicht erkennen, erreicht unsere Spezies nicht einmal die Zeitspanne, die ihr zugestanden wurde. Deshalb lassen Sie uns maßvoll in unserem Verhalten sein und nach einer Welt streben, die gesund, schön und unseren Enkeln weiterhin so angemessen ist wie den Enkeln unserer Partner in Gaia.

Evolutionäre Gewohnheiten des Geistes, des Verhaltens und der Form

Rupert Sheldrake

Dr. Rupert Sheldrake hat in Cambridge Naturwissenschaften und in Harvard Philosophie studiert; dort war er Frank Knox Fellow. 1967 promovierte er in Cambridge in Biochemie und wurde im selben Jahr Fellow des Clare College, Cambridge, dessen Studiendirektor in Biochemie und Zellbiologie er bis 1973 war. Von 1974 bis 1978 war er Leitender Pflanzenphysiologe am International Crops Research Institute for Semi-Arid Tropics (CRISAT) im indischen Hyderabad und führte Forschungen über die Physiologie tropischer Hülsenfrüchte und Getreide durch; bis 1985 blieb er Beratender Physiologe. Eineinhalb Jahre lebte er im Ashram von Pater Bede Griffiths in Südindien und schrieb dort Das schöpferische Universum *(1981),* Die Wiedergeburt der Natur *(1990) und, mit Ralph Abraham und Terence McKenna,* Cyber Talk *(1992). Sein Buch* Sieben Experimente, die die Welt verändern könnten *(1994) wurde vom British Institute for Social Inventions zum Buch des Jahres gewählt. Zusammen mit Matthew Fox verfasste er* Die Seele ist ein Feld: Der Dialog zwischen Wissenschaft und Spiritualität *(1996) und* Engel, die kosmische Intelligenz *(1996). Er ist derzeit Fellow des Institute of Noetic Sciences in San Francisco. Der folgende Vortrag wurde 1988 im Rahmen der Mystics and Scientists Conference gehalten.*

Als ich mein Buch *Das Gedächtnis der Natur* schrieb, stieß ich auf ein Zitat aus Pascals *Pensées*, das vieles von dem zusammenfasst, was ich heute darlegen möchte und worüber ich in meinem Buch geschrieben habe. Bei Pascal heißt es: „Man sagt, dass Gewohnheit zweite Natur sei. Wer sagt denn, dass nicht Natur nur erste Gewohnheit sei?" Folgende grundlegende Vorstellungen möchte ich untersuchen: dass die Natur ein Gedächtnis besitzt, dass die Natur an sich Gewohnheiten hat und dass das, was wir normalerweise die Gesetze der Natur nennen oder dafür halten, eher so etwas wie „Gewohnheiten der Natur" sein könnten.

Ich behaupte, dass es in der Organisation aller sich selbst organisierenden Systeme, von den Atomen bis hin zu den Galaxien, so etwas wie ein inhärentes Gedächtnis gibt, eine Art kollektiver Erinnerung an vorheriges Ähnliches. Ich bin z. B. der Meinung, dass Kristalle so kristallisieren, wie sie es tun, weil sie auf diese Weise schon immer kristallisiert sind; dass Tiere sich auf eine bestimmte Weise verhalten, weil sie über eine Art kollektives Gedächtnis von früheren Angehörigen ihrer Spezies verfügen – ihre Instinkte sind so etwas wie die Gewohnheiten ihrer Spezies; und dass Embryonen sich so entwickeln, wie sie es tun, weil es in dieser Weise vorher schon geschehen ist. Ich behaupte, dass es eine Art inhärenter Erinnerung gibt, die an der Entwicklung der embryonalen Form und am Verhalten von Organismen beteiligt ist, ja sogar an der Form von Dingen, die wir normalerweise für unbelebt halten, wie Kristalle und Moleküle. Deshalb möchte ich einiges von dem ansprechen, dem sich Lyall Watson (in seinem Vortrag bei derselben Mystics and Scientists Conference) gewidmet hat, nämlich die Vorstellung einer Art von „Geist" oder „Gedächtnis" in der Natur. Außerdem möchte ich einige der Themen berühren, die Brian Goodwin auf dem Gebiet der Morphogenese angeschnitten hat, einschließlich der Formenbildung in der Biologie. Ich behaupte nicht nur, dass die Natur Gewohnheiten hat, sondern dass die Gewohnheiten der Natur evolutionär sind, dass sie sich entwickeln. Sie sind nicht für alle Zeiten festgelegt. Wären sie das, wären sie keine Gewohnheiten. Sie entstehen, bilden sich heraus und entwickeln sich. Ich möchte dies in einem ersten Schritt erörtern, indem ich mich mit dem historischen Hintergrund beschäftige: der Evolution wissenschaftlicher Gewohnheiten des Denkens.

Wissenschaft bildet keine Ausnahme von der übrigen Natur. Sie ist Teil der Natur, wie wir selbst. Genau wie Tiere, Pflanzen und andere Gestalten der Natur sind auch wir durch Gewohnheiten bestimmt und geprägt. Ich glaube, nur sehr wenige hätten mit diesem Gedanken Schwierigkeiten. So unterliegen wissenschaftliche Denkweisen oder „Paradigmen", wie Thomas Kuhn sie nannte, selbst dem Prinzip der Gewohnheit. Das, was als frischer, neuer, überraschender Gedanke beginnt, wird durch Wiederholung und dadurch, dass es in Schulen und Universitäten Jahrzehnte und Jahrhunderte unterrichtet wird, mehr und mehr zur Gewohnheit, bis es sich in eine selbstverständliche Annahme verwandelt hat, welche die Menschen zugrunde legen, ohne sich dessen recht bewusst zu sein. Vieles von der derzeitig gebräuchlichen mechanistischen Sichtweise der

Natur wird, wie jedes Paradigma, das lange Zeit besteht, von den Menschen größtenteils auf einer unbewussten Ebene akzeptiert. Dazu gehören Annahmen, die nicht wirklich ins Bewusstsein dringen, die Wissenschaftler sich nicht wirklich klar machen. Da ich eine andere Herangehensweise an die Dinge vorschlagen möchte, müssen wir uns einige der gewohnten Denkmuster bewusst machen, von denen wir alle beeinflusst sind, auch wenn wir uns nicht für eingefleischte Mechanisten halten. Diese Gewohnheiten sind so tief in unserer Kultur verwurzelt, dass wir alle davon geprägt sind. Es ist sinnvoll, sie ins Bewusstsein zu holen und zu überprüfen, was sie eigentlich bedeuten.

Nachdem ich mich mit diesem historischen Hintergrund befasst habe, will ich kurz den zentralen Gedanken meiner Bücher *Das schöpferische Universum* und Das *Gedächtnis der Natur* ansprechen. Ich nenne ihn die Hypothese der formbildenden Verursachung. Seine zentralen Ideen sind *morphische Felder* und *morphische Resonanz*. Ich möchte hier nicht weiter ins Detail gehen, denn ich habe dies an anderer Stelle getan. Ich werde dann schließen, indem ich das Entstehen neuer Gewohnheiten diskutiere wie auch die Frage, wie die kreative Seite des Entwicklungsprozesses funktioniert.

Ewigkeit, Evolution und der Geist Gottes

Zunächst der historische Hintergrund. Die Situation, in der sich die Wissenschaft zur Zeit befindet, ist eine Krise, denn zwei der wichtigsten westlichen Modelle der Wirklichkeit stoßen frontal zusammen. Wie bei zwei großen Kontinentalplatten, die gegeneinander prallen, führt dies zu Erdbeben und Eruptionen neuer theoretischer Möglichkeiten. Zwangsläufig entstehen neue Gebirgsketten der Theorie. Beide Paradigmen sind uns seit langer Zeit bekannt, aber vermutlich haben wir alle sie akzeptiert, ohne zu erkennen, dass sie im Widerspruch zueinander stehen. Das erste der beiden nenne ich das „Paradigma der Ewigkeit", die Idee, dass sich nichts wirklich verändert. Das zweite ist das „Paradigma der Evolution": Alles verändert und entwickelt sich.

Dass die beiden im Konflikt miteinander stehen, ist uns deshalb entgangen, weil wir sie in sicherem Abstand voneinander gehalten haben. Das Paradigma der Ewigkeit ist das herrschende Paradigma in der Physik und Chemie. Das Paradigma der Evolution bestimmt die Biologie, die Geologie und die Sozialwissenschaften. Von daher sind beide Paradigmen in den Fachbereichen der Universitäten voneinander getrennt. Durch die Art und Weise, wie man uns beigebracht hat, mit ihnen umzugehen, sind sie auch auf andere Weise räumlich getrennt: Die Erde ist das Gebiet der Evolution, auf dem sich Leben, Gesteine, Menschen, Gesellschaften, Kulturen usw. entwickelt haben. Aber das Weltall bzw. der Himmel, die natürlich in den Bereich der Physik fallen, wurden ihrem Wesen nach als ewig betrachtet. Bis 1966 besagte die konventionelle Denkweise der Physik, dass das Universum an sich ewig sei, aus ewiger Materie und Energie bestehe und von den ewigen Gesetzen der Natur gelenkt werde. Die Evolution ereignete sich demnach auf der Erde wie eine Art Schwankung, eine lokal begrenzte Schwankung ohne besondere Absicht oder Bedeutung in einem eigentlich ziellosen, ewigen Universum, in dem die Dinge einfach immer so weiterliefen.

Zumindest Materie und Energie blieben stets erhalten. Vom Universum selbst wurde angenommen, dass seine Zeit ablaufe, dass ihm die Puste ausgehe und dass es der Devolution unterliege. Wir haben alle davon gehört, dass das

Universum durch Thermodynamik und die Grundsätze der Entropie auf einen „Wärmetod" zusteuere. Aber heutzutage ist nicht mehr so viel davon die Rede, dass dem Universum die Puste ausgeht, denn in dieser Hinsicht hat die Physik ihr Paradigma radikal verändert. Es hat eine gewaltige Revolution in der Physik gegeben, die Wandlung von der Idee eines ewigen Universums zu der eines sich entwickelnden Universums. 1966 wurde die so genannte kosmische Hintergrundstrahlung entdeckt und als eine Art lebendes Fossil des Urknalls verstanden. Die Physiker, oder zumindest die große Mehrheit unter ihnen, ließen sich davon überzeugen, dass das Universum durch eine Art ursprünglicher Explosion vor etwa fünfzehn Milliarden Jahren entstanden sei und seitdem wachse und sich entwickele. Dem Gedanken physikalischer Ewigkeit, auf den sich die gesamte mechanistische Wissenschaft gründete, wurde durch diese ungeheure kosmologische Revolution, an deren Folgen wir uns in unserem Denken gerade erst anzupassen beginnen, der Boden unter den Füßen weggezogen. Die Idee, dass die Wirklichkeit im Grunde ewig bestehe, dass sie unveränderlich und zeitlos sei, erwuchs ursprünglich aus den Einsichten der Mystik. Es ist seltsam, dass sich unter der scheinbar antimystischen, mechanistischen Weltsicht tatsächlich eine tiefe mystische Einsicht verbirgt, die zur Entwicklung wissenschaftlicher Theorie vieles an Anregungen beigetragen hat.

Sowohl Platon als auch Pythagoras glaubten, dass das Reich der wahrhaften Wirklichkeit irgendwie außerhalb von Raum und Zeit liege. Nach Pythagoras besteht es aus einer Sphäre transzendenter mathematischer Wahrheiten, und bei Platon kommt die Sphäre ewiger, idealer Formen oder Ideen hinzu. Im christlichen Neuplatonismus, etwa beim heiligen Augustinus, hielt man diese ewigen Ideen für die Gedanken Gottes. Da der Geist Gottes ewig ist, sind auch die Ideen ewig, und die wandelbaren Erscheinungen in der Welt wurden daher als Widerschein ewiger transzendenter Formen angesehen. Die Griechen glaubten, dass nur das, was ewig sei, wahrhaft wirklich oder wahrhaft göttlich sei. Eine andere Richtung griechischen Denkens, die im siebzehnten Jahrhundert wiederbelebt wurde, ging von derselben Voraussetzung aus, verfuhr in ihrer Auslegung aber anders. Das war die Denkweise der Atomisten, die behaupteten, dass die Realität nicht aus irgendwo außerhalb existierenden ewigen Formen oder Ideen bestehe, sondern aus ewigen materiellen Teilchen um uns herum, den Atomen, von denen man glaubte, sie seien unwandelbar, beständig und immer vorhanden. Die Atome bewegten sich, unterlägen aber in sich keinerlei Veränderung; sie seien unteilbar, Vergangenheit und Wandel seien ihnen wesensfremd; sie seien bleibend und ewig.

Im sechzehnten und siebzehnten Jahrhundert, als die moderne Wissenschaft erwachte, geschah dies unter dem Einfluss des Neuplatonismus, der in der Zeit der Renaissance wieder aufgeblüht war. Kopernikus, Kepler, Galilei, Descartes, Newton – alle großen Begründer der modernen Wissenschaft – waren tief inspiriert und bewegt von der Idee, dass die Natur von mathematischen Gesetzen beherrscht sei. Für sie war Gott ein Mathematiker, und seine ewigen Gedanken waren ewige mathematische Wahrheiten, die von den Menschen durch die gottgleiche Gabe der Vernunft entdeckt werden konnten. Die höchste Erscheinungsform des menschlichen Geistes war für sie natürlich das mathematische Denken, welch eine passende Vorstellung für einen Mathematiker! Das bedeutete, dass die Menschen, die die Natur Gottes am besten verstanden, die Mathematiker selbst waren. In gewissem Sinne lag dem dieselbe Vorstellung zugrunde wie bei der Priesterschaft im alten Ägypten, denn dort spielten mathematische Wahrheiten und nur für Eingeweihte bestimmte mathematische Kenntnisse eine ähnlich bedeutende Rolle für das priesterliche Wissen. Daher war Gott im mechanistischen Bild der Natur ein großer Mathematiker, von dem die Natur erschaffen worden war. Newton führte die alte atomistische Denkweise mit der erneuerten Version der platonisch-pythagoreischen ewigen Gesetze oder ewigen Formen zu einer Synthese zusammen, wonach die Natur aus ewigen materiellen Atomen besteht, die sich ewig bewegen. Sowohl die Materie als auch die Bewegung sind ewig; sie werden von den ewigen Naturgesetzen regiert, die im ewigen Geist Gottes existieren. Die anderen Dinge, die man für die Newtonsche Physik benötigt, nämlich Zeit und Raum, werden ebenso als absolut angesehen: Newton hielt den Raum für den erweiterten Sinnesapparat Gottes. Gott war die Grundlage des Raums und ebenso die Grundlage für das, was er „absolute Zeit" nannte. Raum und Zeit waren für Newton etwas Absolutes, weil sie eine Manifestation oder Erscheinungsform Gottes waren.

Dieser allmächtige Gott als großer Konstrukteur und Ingenieur war ein wesentlicher Bestandteil des Maschinenmodells, denn Maschinen werden von Ingenieuren konstruiert und erbaut. Wenn man sich das Universum wie eine große Maschine vorstellt, setzt das einen Erbauer voraus. Für die Begründer der mechanistischen Wissenschaft waren das nicht nur Lippenbekenntnisse zu Gott, die sie äußerten, weil sie nicht in Schwierigkeiten mit den Autoritäten, die ein christliches Weltbild vertraten, geraten wollten. Sie glaubten zutiefst daran. In der Tat war der Gedanke einer ewigen Natur, die von einem ewigen Gott, durch ewige Gesetze, von ewiger Materie und ewiger Energie durchherrscht wird, grundlegend für die Physik, wie wir sie bis vor kurzem kannten. Die ewige Materie und Energie waren im Prinzip der Erhaltung von Materie und Energie verwahrt. Die ewigen Gesetze der Natur wurden für selbstverständlich erachtet. Als Laplace und andere atheistische Wissenschaftler Ende des achtzehnten und im neunzehnten Jahrhundert beschlossen, dass Gott eine unnötige Hypothese sei, blieben sie einfach mit ewiger Materie und Energie zurück, die unter der Herrschaft der ewigen Naturgesetze ewig fortbestehen; diese Gesetze folgen weder einem Ziel noch einer Absicht, waren aber immer schon vorhanden. Diese Gesetze der Natur waren, wie der Geist Gottes, natürlich nicht stofflich, sie existierten überall und waren immer wirksam, waren omnipotent, omnipräsent, sich selbst erhaltend und unveränderlich. Sie hatten die meisten der Eigenschaften Gottes, denn sie waren ja aus Gott abgeleitet. Die Physik, wie wir sie bis heute kennen, basiert stillschweigend auf der Vorstellung, dass die Natur von nicht materiellen Gesetzen regiert wird, die überall und immer gelten, und diese Annahme steht üblicherweise nicht zur Diskussion. Menschen glauben, das Schwergewicht auf die materielle Seite der Wissenschaft zu legen, doch der Materialismus in der Wissenschaft war immer mit der Idee eines nicht materiellen regulierenden Systems von Gesetzen eng verbunden. Beides gehört seit jeher zusammen, es beruht auf einer kosmischen Dualität. Bis in die Gegenwart hinein haben sich die meisten Physiker weiterhin von dieser platonischen oder pythagoreischen Vision ewiger Gesetze inspirieren lassen. Einstein, de Broglie, Schrödinger, Heisenberg, wirklich alle bedeutenden modernen Physiker dieses Jahrhunderts haben die platonische oder pythagoreische Wirklichkeitssicht übernommen.

Als Einstein die Gleichungen der Allgemeinen Relativitätstheorie aufstellte, gelangte er selbst zu der Feststellung, sie gäben Grund zu der Annahme, dass das Universum nicht unveränderlich sei, dass es entweder schrumpfen oder expandieren müsse. Das war natürlich ein unerträglicher Gedanke, denn er glaubte, dass das Universum ewig sein müsse. Deshalb führte er einen frei erfundenen Faktor in seine Gleichungen ein, den er kosmologische Konstante nannte, einen willkürlichen Faktor, der sicherstellte, dass das Universum stastisch war, und der das begründete, was man das statische Einstein-Universum nannte. Wie erwähnt ging die Physik erst ab 1966 davon aus, dass das Universum sich ausdehnt und entwickelt; heute ist dies die orthodoxe Lehrmeinung. Der Gedanke der Evolution wird auf die gesamte Natur angewendet. Die Physik befindet sich in der Krise. Was ist mit den ewigen Gesetzen? Gab es sie schon vor dem Urknall? Wenn ja, wo? Es gibt keinen Raum, wo sie sein könnten, bevor es ein Universum gab, und es gibt auch kein „Vorher", bevor es ein Universum gibt.

Die meisten Physiker, die über all das überhaupt nachgedacht haben, sagen tatsächlich, dass es die Gesetze der Natur in gewissem Sinn vor dem Urknall gegeben haben müsse. Nun, das ist zweifellos eine metaphysische Voraussetzung. Niemandem ist es möglich, in die Zeit vor der Entstehung des Universums zurückzukehren und zu prüfen, ob all die Naturgesetze schon galten. Diese Vermutung ist vollkommen metaphysischer Natur. Trotzdem ist es das, was die meisten Hartgesottenen unter den experimentell orientierten Naturwissenschaftlern glauben. Sollten Sie jemals mit solchen empirisch orientierten mechanistischen Wissenschaftlern in Streit geraten, so wie es mir häufig geschieht, dann probieren Sie nur Folgendes mit ihnen aus: Fragen Sie sie, wo die Naturgesetze vor dem Urknall waren, und Sie werden sehen, wie sie ins Schwimmen kommen.

Die evolutionären Gesetze der Natur

Der Gedanke eines sich entwickelnden Universums wurde also zu einem furchtbaren Problem für die Vorstellung ewiger Naturgesetze. Doch diese Idee ist für die wissenschaftliche Methodik unentbehrlich. Das Kriterium für ein gültiges wissenschaftliches Experiment besteht darin, dass jeder es überall und jederzeit wiederholen kann und stets zu denselben Resultaten gelangt. Warum? Weil die Naturgesetze an jedem Ort und zu jeder Zeit dieselben sind. Diese Voraussetzung liegt der reinen wissenschaftlichen Methode selbst zugrunde, auch wenn die meisten Wissenschaftler sich nicht ausdrücklich zu ihr bekennen.

Diese „Gesetze" sind bei näherer Betrachtung sehr mysteriös. Niemand hat jemals eines gesehen oder getroffen. Ich bin auf meinen Reisen durch die reale Welt nie einer Gleichung begegnet, und Sie sicherlich auch nicht. Wir schauen nicht in den Himmel und lesen dort $E = mc^2$, geschrieben in Mustern aus Galaxien. Wir stoßen nicht auf die Schrödinger-Gleichung, indem sie uns aus chemischen Reaktionen entgegenspringt. Diese Gesetze und die mathematische Grundlage, auf die sie sich stützen, sind Gebilde unseres eigenen Verstandes. Es ist eigenartig, dass Wissenschaftler, die ein mechanistisches Weltbild haben, Animisten und Vitalisten immer beschuldigen, die Arbeitsweise des menschlichen Geistes auf die Natur zu projizieren. Für mich sieht es so aus, als ob sie sich genau desselben Vergehens schuldig machten. Tatsächlich gibt es Regelmäßigkeiten in der Natur, sie sind wahrnehmbar, aber die Natur dieser Regelmäßigkeiten steht zur Debatte.

Die evolutionäre Sicht der Natur hat eine uralte Geschichte, deren Ursprünge nicht so sehr in der griechischen Lehre, sondern vielmehr im jüdischen Teil unseres Erbes liegen. Der Gott der Juden, Christen und Muslime ist ein Gott, der in der Geschichte wirkt. Die Bibel erzählt von einer historischen Entwicklung. Das Urmuster für eine geschichtliche Reise ist natürlich der Zug des Volkes Israel aus der Knechtschaft in Ägypten durch die Wildnis in das Gelobte Land. Diese eine Reise hat ein Ziel und eine Richtung und liefert damit das Modell für die gesamte Idee des Fortschritts, des „Vorwärts-Gehens", das ein Ziel oder eine Richtung erfordert. In einem höheren Grad der Verallgemeinerung wird die gesamte Geschichte als Fortschritt betrachtet, von der ursprünglichen Schöpfung über den Sündenfall bis zur Reise der Menschheit zurück zu einer neuen Schöpfung. Das Paradies wird wiedererstehen, und Männer und Frauen, Gott und Natur werden sich in einem neuen Zustand der Harmonie befinden, der mit Begriffen wie Neues Jerusalem, neue Schöpfung, Himmelreich usw. evoziert wird. Das erste Buch der Bibel handelt von der ursprünglichen Schöpfung, das letzte Buch – die Offenbarung des Johannes – von der neuen Schöpfung: „Und ich sah einen neuen Himmel und eine neue Erde." Die Idee eines *telos,* eines Ziels oder Endes der Geschichte, die Vorstellung, dass Geschichte als Ganzes eine Entfaltung in der Zeit sei, die nicht nur die Menschheit, sondern das gesamte Universum umfasse, ist eine Eigenheit des jüdisch-christlichen Modells der Zeit, das sich deutlich vom griechischen unterscheidet.

Im siebzehnten Jahrhundert griff der Glaube an das Tausendjährige Reich Christi um sich, man meinte, dass das Ende der Zeiten gekommen sei, dass eine neue Zeit anbreche und das Himmelreich nahe sei. Eine der Visionen des Fortschritts, die Bacon dann in seinem Text *Neu-Atlantis* entfaltete, bestand darin, dass die gesamte Erde durch das Voranschreiten von Wissenschaft und Technologie umgestaltet werde und dass sich dadurch die Lebensbedingungen für die gesamte Menschheit veränderten. Nun, das hat sich natürlich in einem weiten Ausmaß bewahrheitet, und damit wurde die Entwicklung von Wissenschaft und Technologie für viele Menschen zum eigentlichen Modell menschlichen Fortschritts. Gegen Ende des achtzehnten Jahrhunderts stützten sich die revolutionären Bewegungen in Amerika und Frankreich auf die Vorstellung, dass es Fortschritte in Wissenschaft, Technologie, menschlicher Verständigung und eben auch in gesellschaftlichen und politischen Institutionen gebe. Die industrielle Revolution bestärkte all dies, und Mitte des neunzehnten Jahrhunderts begannen die meisten Leute zu glauben, dass sich das Leben ebenfalls entwickelt habe, nicht nur das menschliche, sondern das Leben überhaupt. Darwins Evolutionstheorie stieß vor allem deshalb auf breite Zustimmung, weil sie die Idee menschlichen Fortschritts einfach verallgemeinerte und auf das Leben als Ganzes übertrug. Nur das gesamte Universum durfte immer noch nicht fortschreiten oder sich entwickeln; bis dahin wurde vermutet, dass das ganze Universum wie eine Dampfmaschine nach den Gesetzen der Thermodynamik ablaufe. Nach dieser Haltung, die wir bis in die jüngste Zeit eingenommen haben, hat die Evolution auf der Erde in einem blinden, ziellosen Universum stattgefunden, das selbst auf ein Ende zusteuert. Die menschliche Evolution wurde als Bestandteil der Evolution des Lebens und der gesamten Natur gesehen, aber von den Gegenständen der Physik und Chemie nahm man an, dass sie sich überhaupt nicht entwickelten. Der Darwinismus ist ein Versuch, die Evolution des Lebens in ein mechanistisches, zielloses Universum einzufügen. Die Evolution des Lebens muss mit Kategorien von blindem Zufall und unbelebter, planloser Materie erklärt werden und mit zweckfreien Naturgesetzen, die überall und immer unerbittlich gelten.

Es ist eine Position des Kompromisses, ein Versuch, die Evolution auf einer Ebene zuzulassen, jedoch vor dem Hintergrund eines Universums, das nicht der Evolution unterliegt. Aber durch die kosmologische Revolution in den sechziger Jahren des 20. Jahrhunderts hat sich alles verändert. Jetzt glauben wir, dass sich die gesamte Natur entwickelt. Die Evolution des Lebens auf der Erde und der Menschen als Teil dieses Prozesses sind Bestandteil eines riesigen kosmischen Evolutionsprozesses, der alles erfasst – Materie, Materieteilchen, Atome, Moleküle, Kristalle und nun auch die Felder der Natur selbst. Die theoretische Physik befindet sich gegenwärtig in einem Zustand der Gärung, da die Physiker versuchen herauszufinden, was in den ersten 10^{-30} Sekunden des Universums geschah. Sie sind zu der Erkenntnis gekommen, dass die bekannten Felder der Natur, das Gravitationsfeld, die elektromagnetischen Felder und die Felder gequantelter Materie – die Felder der Teilchen in der Quantentheorie – nicht immer existiert haben, sondern im Laufe der Zeit entstanden sind. Diese bekannten Felder der Physik, die in jedem x-beliebigen Lehrbuch dargestellt sind, haben eine Geschichte. Sie sind durch einen Evolutionsprozess entstanden, durch die so genannte spontane Symmetrieverletzung eines ursprünglichen einheitlichen Feldes, mit dem der Kosmos begann.

Solche Ideen wurden als mystischer Unsinn abgetan, als sie im neunzehnten Jahrhundert von Evolutionsphilosophen oder im zwanzigsten Jahrhundert von Visionären wie Teilhard de Chardin vorgetragen wurden, der von kosmischen Evolutionsprozessen sprach. Heute gehören sie zur anerkannten Physik. Die aktuell vorherrschende Theorie besagt, dass das Universum mit zehn Dimensionen begonnen hat, neun Dimensionen des Raumes und einer der Zeit, und dass sich diese Dimensionen eingerollt haben und zu verborgenen Dimensionen wurden, die den bekannten Kräften der Physik zugrunde liegen. Parapsychologen, Mystiker und andere haben jahrzehntelang von anderen Dimensionen gesprochen, aber natürlich hat niemand auf sie gehört.

Die Hauptthese, die ich auf der Basis dieser historischen Analyse aufstellen möchte, lautet, dass die Vorstellung „ewiger Gesetze" ein Relikt ist, eine Art lebendes Fossil aus einer älteren Kosmologie. Wenn wir sie zu hinterfragen beginnen, stellen wir fest, dass die Idee von Naturgesetzen auf einer politischen Metapher beruht: So wie Herrscher und Könige auf der Erde Gesetze verkündeten, die verbindliche Regeln in ihrem Machtbereich aufstellten, so stellte man sich Gott vor: als Herrscher des Universums, der die Gesetze der Natur proklamiert. Da alles überall und jederzeit unter seiner Verfügung stand, erstreckte sich der Anwendungsbereich der Naturgesetze auf die gesamte Natur. Es war eine politische, eine anthropomorphe Metapher. Sie war recht hilfreich, denn sie passte zu einer politischen Vorstellung, wonach Gott der Herrscher des Universums sei. Aber wenn wir uns auf die Wurzeln dieser Metapher besinnen, stellen wir fest, dass menschliche Gesetze nicht ewig währen, sondern sich entwickeln. Die Gesetze im heutigen England unterscheiden sich von denen, die vor hundert Jahren galten. Das englische System des Gewohnheitsrechts und mit ihm das gesamte Rechtssystem entwickelt sich nicht nur durch Gesetzgebung, sondern auch durch Präzedenzfälle. Es verändert und entwickelt sich, wenn neue Situationen auftauchen. Wenn wir uns weiter mit den Naturgesetzen beschäftigen wollen, wäre es besser, wir würden sie uns als ein System von natürlichem Gewohnheitsrecht vorstellen, das der Evolution unterliegt, anstatt das Universum als etwas zu betrachten, das von einer Art Code civil regiert wird, den es schon immer gegeben hat.

Besser als die Metapher von Gesetzen ist ohnehin die Metapher von Gewohnheiten, denn sie wird auch dem Gedanken gerecht, dass sich Regeln entwickeln, die davon abhängig sind, was tatsächlich vorher geschehen ist. Sie passt besser zur derzeitigen Kosmologie, die viel eher dem Aufbrechen eines kosmischen Eies entspricht. Der Urknall ist wie das Bersten des kosmischen Eies, und Wachstum und Entwicklung des Universums entsprechen dem Wachstum und der inneren Differenzierung eines Embryos oder Organismus. Diese Vision ist sehr viel organischer, als sich eine ewige Maschine vorzustellen, die von einem außen stehenden Ingenieur konstruiert und erbaut wurde und seither läuft. Damit sind wir also bei einem organischen Modell der Kosmologie, und der Gedanke von „Gewohnheiten" wird dem organischen Modell der Natur viel besser gerecht als die Idee von außen auferlegter Gesetze.

Nun, das ist alles sehr allgemein und stellt den Hintergrund für eine spezielle Hypothese dar, die ich Ihnen vorstellen möchte, die Hypothese der formbildenden Verursachung. Ich möchte sie im Folgenden sehr kurz skizzieren, und zwar in einem so halsbrecherischen Tempo, dass ich mich schon im Voraus dafür entschuldige. Jeder, der sich genauer damit beschäftigen möchte, kann dazu mein Buch *Das Gedächtnis der Natur* heranziehen, in dem der Argumentationsgang mit den stützenden Beweisen und Belegen detailliert dargelegt ist.

Ein organisierendes Feld von Gewohnheit

Die Idee, die hinter der Hypothese der formbildenden Verursachung steht, besagt, dass Gebilde wie Kristalle, Atome, Moleküle, Zellen, Gewebe oder Organismen von Feldern gestaltet werden, die morphische Felder genannt werden – abgeleitet vom griechischen *morphe* = Form, Gestalt. Jedes dieser Systeme hat seine eigene Art von Feld. Die Idee ist durch eine Verallgemeinerung des Konzeptes der „morphogenetischen Felder" entstanden, das in der Biologie seit über siebzig Jahren im Schwange ist und besagt, dass es gestaltgebende Felder gibt, die in den Organismen und um sie herum existieren und diese organisieren. Dieser Gedanke war ursprünglich als biologische Analogie zu magnetischen Feldern entwickelt worden, durch die ein „Einflussgebiet" definiert wird. Felder sind Einflussgebiete in Raum und Zeit, und das magnetische Feld existiert natürlich im Magneten und um ihn herum. In modernen Theorien der Physik über die Materie erscheint diese nicht mehr als primäres Konzept. Wie Sir Karl Popper einmal erklärte: „Durch die moderne Physik ist der Materialismus über sich selbst hinausgegangen", denn Materie gilt nicht mehr als die allem zugrunde liegende Realität. Materie selbst wird jetzt als in Felder eingebundene Energie beschrieben. Felder entstehen nicht durch Materie, Materie entsteht durch Felder. Felder sind in der modernen Physik grundlegender als Materie. Und was sind Felder? Nun, es sind, wie gesagt, räumliche und zeitliche Einflussgebiete. Ihrer Natur nach sind sie eher Modifikationen des Raumes, als dass sie aus Materie hervorgehen oder aus Materie bestehen.

Die Idee morphischer Felder ist eine sehr weit reichende Verallgemeinerung des Feldbegriffs, die sich ihrerseits auf eine Verallgemeinerung stützt, wie sie in der Entwicklungsbiologie bereits stattgefunden hat. Heutzutage lassen sich viele Entwicklungsbiologen vom Begriff morphogenetischer Felder leiten. Aber es gibt ein großes Spektrum von Anschauungen, was damit eigentlich gemeint sei. Nach der üblichen Betrachtungsweise bedeutet die Verwendung dieses Ausdrucks „nur eine Art des Sprechens" über die bekannten Felder der Physik und die komplizierten Interaktionsmuster, die wir immer noch nicht ganz verstanden haben. Eine andere Interpretation sieht darin die Widerspiegelung organisierender Gleichungen, die Zeit und Raum irgendwie überschreiten und ewig da sind, ob sie nun von den Feldern tatsächlich widergespiegelt werden oder nicht. Die Hypothese, die ich bevorzuge und die von den üblichen Deutungen abweicht, besagt, dass sie so etwas wie ein eingebautes Gedächtnis besitzen. Ich behaupte, das die Felder evolvieren und dass sie ihre Gestalt durch die tatsächliche Form früherer ähnlicher Systeme erhalten. Die tatsächliche Form von Salzkristallen, wie sie durch morphogenetische Felder organisiert ist, gestaltet Salzkristalle. Prozesse, durch die ähnliche Dinge auf nachfolgende ähnliche Dinge durch oder über Raum und Zeit Einfluss nehmen, nenne ich *morphische Resonanz,* den Einfluss von Ähnlichem auf Ähnliches.

Der Kerngedanke besteht darin, dass ein Kristall, der zum ersten Mal entsteht, kein spezifisches Feld für seine Formgestaltung besitzt, weil es Kristalle dieser Art noch nie zuvor gegeben hat. Wenn dann die Verbindung überall in der Welt immer wieder kristallisiert, müsste die Kristallisation immer leichter erfolgen. Die Kristalle bilden sich wegen der morphischen Resonanz vorheriger Kristalle immer leichter; je öfter der Vorgang geschieht, desto einfacher wird es. Es gibt heute schon viele Belege aus der Chemie, dass neue Verbindungen nur schwer kristallisieren und dass es im Laufe der Zeit immer leichter geht. Dafür gibt es verschiedene Erklärungen. Wie einige von Ihnen wissen, besagt die gebräuchlichste, dass Bruchstücke der Kristalle in den Bärten von Chemikern von Labor zu Labor getragen werden. Eine andere Möglichkeit besteht darin, dass Bruchstücke vorheriger Kristalle als unsichtbare, mikroskopisch kleine Staubpartikel durch die Welt geweht sein könnten und sich in entfernten Teilen des Globus in den Labors niedergelassen haben. Gut, das mag tatsächlich so sein. Ich bestreite nicht, dass Chemiker Teilchen von Kristallen in ihren Bärten transportieren können, ich behaupte nur, dass diese beschleunigte Kristallisation auf Grund der morphischen Resonanz auch dann stattfände, wenn es keine herumziehenden Chemiker gäbe und man alle Staubpartikel aus der Atmosphäre herausfilterte.

Ähnliche Prinzipien gelten für die Gestalt von Molekülen wie z. B. Proteinen. Eine Methode, und zwar eine besonders gute, zur Überprüfung meiner Hypothese könnte daher im „Auffalten" von Eiweißmolekülen bestehen. Ich habe dieses mögliche Experiment in meinem Buch ausführlicher beschrieben. Außerdem gibt es noch verschiedene Tests, die auf dem Gebiet der biologischen Morphogenese eingesetzt werden könnten. Sie sind in kleinem Rahmen im letzten Sommer durchgeführt worden. Weitere Experimente sind in der Verhaltensforschung denkbar, und die wahrscheinlich bekanntesten bereits existierenden Beweise betreffen das Verhalten von Ratten. Es geht um Folgendes: Wenn Ratten irgendwo auf der Welt einen neuen Trick lernen, sollte es den Ratten auf der ganzen Welt leichter fallen, ihn ebenfalls zu erlernen, und zwar einfach deshalb, weil die ursprünglichen Ratten es bereits an anderer Stelle getan haben. Je mehr Ratten ihn gelernt haben, desto leichter fällt es den nächsten. Detaillierte Untersuchungen über das Lernen von Ratten, die rund um den Globus in verschiedenen Labors durchgeführt wurden, haben recht gute Belege geliefert, dass es diese Art beschleunigten Lernens tatsächlich gibt. Es findet sich nicht nur in den Labors, in denen die Ratten trainiert werden, und nicht nur bei den

Abkömmlingen dieser Ratten, sondern bei allen Ratten dieser Spezies überall in der Welt. Ebenso gibt es Beispiele für die Entwicklung und Ausbreitung neuer Verhaltensmuster, die eine morphische Resonanz in einem evolutionären Zusammenhang nahe legen. Das bekannteste ist die Ausbreitung der Gewohnheit, Milchflaschen zu öffnen, bei Blaumeisen.

Wie Sie wissen, holen sich Blaumeisen gern Milch aus dem oberen Teil der Flasche und bekommen so, da die Sahne nach oben steigt, den besten Teil. Diese Gewohnheit fand sich erstmals 1921 in Southampton und breitete sich dann aus, teilweise lokal, aber auch in verschiedenen Teilen Großbritanniens. Nun sind Blaumeisen standorttreue Vögel, die sich normalerweise nicht mehr als fünf Kilometer von ihrem Standort fortbewegen. Wenn also diese Gewohnheit plötzlich sagen wir einmal mehr als fünfzehn Meilen entfernt auftritt, kann man ziemlich sicher sein, dass sie unabhängig „erfunden" worden ist. Die Verbreitung dieser Gewohnheit ist zwischen 1921 und 1951 sehr sorgfältig dokumentiert worden. Sie wurde mindestens 69 Mal unabhängig voneinander auf den Britischen Inseln erfunden, und die Zahl unabhängiger Erfindungen beschleunigte sich mit der Zeit ebenso wie die Verbreitungsrate.

Dann tauchte sie plötzlich in Schweden, Dänemark und Holland auf. Die interessantesten Berichte stammen aus Holland, weil die Gewohnheit sich dort wie in Großbritannien durch unabhängige Erfindungen und dann durch lokale Ausdehnung verbreitete, wobei es ein paar Jahre dauerte, bis sie überall zu finden war. Als die Deutschen Holland im Zweiten Weltkrieg besetzten, wurde die Lieferung von Milchflaschen eingestellt. Blaumeisen leben normalerweise nicht länger als ungefähr drei Jahre. Doch es dauerte acht Jahre, bis 1948 in Holland wieder Milchflaschen geliefert wurden. Unmittelbar nachdem man die Lieferungen 1948 wieder aufgenommen hatte, im Zeitraum von etwa einem Jahr, wurde diese Gewohnheit von Meisen in ganz Holland unabhängig voneinander entdeckt, und dieses zweite Mal geschah es viel schneller als beim ersten Mal, als der Prozess der Entdeckung und die Verbreitung dieser Gewohnheit viel langsamer verliefen.

Es gibt bei Tieren und Vögeln noch mehr Beispiele für die Verbreitung von Gewohnheiten, die nahe legen, dass es so funktioniert. Ich glaube, dass es auch beim Menschen so geht: Den Leuten fällt es leichter, etwas zu erlernen, wenn andere es zuvor schon erlernt haben. Nach dieser Theorie sollte es unter sonst gleichen Umständen leichter werden, Computer zu programmieren, Windsurfen, Auto- und Radfahren usw. zu erlernen, weil es so viele Leute schon getan haben.

Nun wissen wir alle, dass beim Menschen viele Faktoren eine Rolle spielen können: die Motivation, die Konstruktion von Maschinen, das Anschauen im Fernsehen usw. Ich behaupte nicht, dass das die einzige Erklärung für solche Phänomene sei, doch ich glaube, dass morphische Resonanz auch beim Menschen eine Rolle spielen könnte. Um das herauszufinden, muss man spezielle Experimente anstellen, und einige sind bereits durchgeführt worden – mit positiven Ergebnissen. Eine Theorie wie diese erfordert Beweise von großer Überzeugungskraft, bevor Skeptiker bereit sind, sie ernst zu nehmen, aber der Anfang ist mit ersten Überprüfungen am Menschen gemacht. Die Einzelheiten zu diesen Experimenten lassen sich in meinem Buch *Das Gedächtnis der Natur* nachlesen.

Der Stoff, aus dem Erinnerungen sind

Mit dieser Theorie behaupte ich, dass die Muster menschlichen Handelns und Denkens, die Art, wie sie Arithmetik betreiben, Probleme lösen, Sprache gebrauchen, dass all diese Dinge durch morphische Resonanz aufrechterhalten und verstärkt werden. Je mehr Menschen ihnen folgen oder sie erlernen, um so leichter wird es für andere, sie sich anzugewöhnen. Wie Sie gleich sehen werden, entspricht dies sehr weitgehend C. G. Jungs Vorstellung eines kollektiven Unbewussten, seiner Idee archetypischer Muster im kollektiven Unbewussten. Die Ähnlichkeit ist wirklich groß. Ich würde sagen, dass das kollektive Unbewusste des Menschen nur eine Erscheinung innerhalb eines Prozesses ist, der durchgängig in der gesamten Natur abläuft. Es ist keine Besonderheit des menschlichen Geistes, sondern nur eine Erscheinung in einem sehr viel allgemeineren Prozess. Die Theorie der Einstellung durch morphische Resonanz führt, wenn sie auf Individuen oder Organismen angewandt wird, zu einer neuen Interpretation des Gedächtnisses, und das ist einer der verblüffendsten Aspekte dieser Theorie. Wenn wir uns auf die Erinnerungen anderer Leute einstimmen, warum sollten wir uns dann nicht auf unsere eigenen einstimmen? Nun, ich denke, das tun wir auch. Tatsächlich glaube ich, dass diese morphische Resonanz – diese Einstimmung – die Grundlage des Gedächtnisses bildet. Wir alle sind mit der mechanistischen Vorstellung aufgewachsen, dass Erinnerungen in unseren Gehirnen aufbewahrt würden. Nun, keiner von uns hat jemals eine Erinnerung im Kopf gesehen, wir glauben einfach daran. Ich halte diesen Glauben für unangebracht, denn die Wissenschaftler, die sich jahrzehntelang damit beschäftigt haben, nach Erinnerungen in Köpfen zu suchen, haben keine gefunden. Erinnerungen haben sich als außerordentlich schwer fassbar erwiesen, das ist eines der Problemgebiete der modernen Biologie. Die Misserfolge bei der Suche nach Erinnerungsspuren haben die Forscher zu dem Schluss geführt, dass es zahlreiche Gedächtnisspeicher oder „Sicherungskopien" des Gespeicherten geben müsse. Wenn man einen Teil des Gehirns herausschneidet, in dem die Erinnerung vermutet wird, und das Tier sich weiterhin erinnern kann, sagt man gewöhnlich, dass dies mit Hilfe einer solchen Sicherungskopie geschehe. Eine andere Vorstellung besteht darin, dass Erinnerungen holographisch verwahrt werden, verteilt über große Regionen des Gehirns. Es handelt sich nur um eine andere Version derselben Idee. Sie stützt sich vor allem darauf, dass sich Erinnerungen nicht an bestimmten Orten finden lassen. Aber ich glaube, dass es einen lächerlich einfachen Grund dafür gibt, dass diese vermuteten Erinnerungsspuren nicht gefunden worden sind: Könnte es nicht sein, dass es sie überhaupt nicht gibt?

Vielleicht verhält sich das Gehirn nicht wie ein Tonband, ein Videorekorder oder eine Kamera, vielleicht funktioniert es nicht wie ein Bilderreservoir, eine Art Speicherungssystem voller Karteikästen, in die vergangene Erfahrungen, Gewohnheiten und Verhaltensmuster eingeordnet werden. Vielleicht ist es eher eine Art Fernsehempfänger, den wir auf unsere Vergangenheit einstellen und mit dem wir uns Zugang zu unseren eigenen Erinnerungen verschaffen. Die Erinnerungen an vergangene Ereignisse wären dann nicht in unseren Köpfen aufbewahrt, ebenso wenig wie die Programme, die wir letzte Woche im Fernsehen gesehen haben, im Fernsehgerät gespeichert sind. Man würde vergeblich nach Spuren des Fernsehprogramms der letzten Woche im Gerät suchen, denn es gibt sie dort nicht, der Fernseher funktioniert nicht auf diese Weise. Ich glaube, so verhält es sich auch mit unserem Gedächtnis. Sie könnten dagegenhalten, dass Erinnerungen im Gehirn sein müssten, da sie bei Gehirnverletzungen verloren gingen. Wenn ich Ihr Fernsehgerät beschädige, kann es sein, dass Bilder oder Klänge abhanden kommen, oder ich kann durch schlichte Arten der Beschädigung dafür sorgen, dass es alles verliert. Wenn ich Komponenten des Systems ausbaue, das für den Empfang zuständig ist, und Ihnen bestimmte Kanäle nicht mehr zur Verfügung stehen, würden Sie daraus nicht schließen, dass die verloren gegangenen Kanäle sich in den ausgebauten Komponenten befunden haben. Füge ich die Teile wieder ein, und Sie erhalten die Kanäle zurück, dann könnten Sie, wenn Sie nicht wüssten, wie ein Fernsehgerät funktioniert, meinen, dass sie sich in diesen Komponenten befinden müssten, aber damit wären Sie im Irrtum. Sie sind wichtig für den Empfang, aber sie sind keine Erinnerungsspeicher.

Einige von Ihnen werden Penfields Arbeiten über das Gedächtnis kennen, durch die er feststellte, dass die Stimulation von Bereichen der Temporallappen des Gehirns Erinnerungen hervorrufen kann. Wiederum würden viele Leute sagen: Beweist das nicht, dass die Erinnerungen im Gehirn sind? Anfangs glaubte auch Penfield daran, doch später kam er zu dem Schluss, dass damit nichts dergleichen bewiesen sei. Und damit hat er, denke ich, den richtigen Schluss gezogen. Wenn ich den Einstellungsknopf an Ihrem Fernsehgerät bediente und es von Channel 4 auf ITV umschaltete, würden Sie daraus nicht schließen, dass ITV in diesem Knopf eingebaut sei, nur weil Sie plötzlich ITV-Programme sehen. Also kann die Stimulation des Knopfes Auswirkungen auf den Empfang haben, ohne dass damit bewiesen wäre, dass die Programme darin aufbewahrt sind. Ebenso verhält es sich, wenn man das Gehirn stimuliert und dadurch Erinnerungen hervorruft. Damit ist nicht bewiesen, dass die Erinnerungen in dem stimulierten oder in irgendeinem anderen Teil des Gehirns aufbewahrt sind.

Soziale Gewohnheiten

Die Hypothese der formbildenden Verursachung verzweigt sich, wenn man sich einmal darauf einlässt, in alle Richtungen. Wenn wir über die Muster sozialer Organisationen, z. B. die Organisation von Termitenkolonien, die Lyall Watson erörtert hat, nachdenken, ist klar, dass im Falle der Termitenkolonie das Ganze mehr ist als die Summe seiner Teile. Aber was ist diese „Ganzheit", die mehr ist als die Summe der Teile? Ich glaube, sie verdankt sich der Existenz eines Termitenkoloniefeldes, d. h., die einzelnen Termiten befinden sich in dem Feld der Kolonie – das Feld ist nicht in ihnen, vielmehr sind sie in dem Feld. Das Feld umfasst sie, den Termitenhügel und das Territorium, das sie erkunden und in dem sie nach Nahrung suchen. Als morphisches Feld hätte dieses soziale Feld der Termiten so etwas wie eine eingebaute Erinnerung an frühere Termitenkolonien wie auch eine an die Vergangenheit der Kolonie selbst. Die individuelle morphische Resonanz – die Resonanz eines Organismus mit seinen eigenen früheren Zuständen – ist viel spezifischer als die allgemeine Resonanz zwischen ähnlichen Organismen, denn Organismen haben mehr Ähnlichkeit mit sich selbst in einem früheren Zustand als mit anderen Organismen. Deshalb stellen wir uns spezifischer auf unsere eigenen Erinnerungen ein als auf die anderer Menschen. Es besteht eine größere Ähnlichkeit zwischen uns und unseren früheren Zuständen als zwischen uns und anderen Leuten.

Meiner Meinung nach ließen sich auch einige Geheimnisse im kollektiven Verhalten der Fische mit dieser Hypothese verstehen. Fischschwärme können wie ein einziger Organismus umdrehen oder, wenn sie angegriffen werden, so schnell auseinander stieben, dass man sich verblüfft fragt, wieso sie einander nicht berühren – sie tun es aber nicht. Diese Verhaltensweisen haben Zoologen lange Zeit fasziniert, und viele Leute haben gemeint, dass der ganze Schwarm als ein Organismus agiere. Verschiedene Anstrengungen wurden unternommen, um dies mit den üblichen Begriffen zu erklären. Am nächstliegenden ist die Vorstellung, dass die Fische schauen, wohin die anderen sich wenden, d.h. es funktioniert dank ihres Sehvermögens. Nun, aus zwei Gründen kann das nicht die ganze Wahrheit sein. Zum ersten können sich Fische auch nachts in Schwärmen bewegen. Nicht alle Fische legen sich nachts, wie Sie wissen, zum Schlafen auf den Meeresgrund, sie müssen weiter schwimmen, und oft ist es sehr dunkel. Wenn dieses Verhalten auf den Gesichtssinn aufbaute, könnte es bei Nacht nicht auftreten. Eigens um dies experimentell zu überprüfen, wurden einem ganzen Schwarm undurchsichtige Kontaktlinsen eingesetzt, und die Fische agierten weiterhin ganz normal im Schwarm. Nun werden Sie vielleicht fragen, wie wäre es mit dem Erschütterungssinn, haben Fische nicht einen Sinn für Erschütterungen, die von Artgenossen ausgehen? Fische empfinden Erschütterungen durch die so genannte Seitenlinie. Auch das haben Wissenschaftler berücksichtigt und Experimente durchgeführt, bei denen der Nerv dieses Organs direkt hinter den Kiemen durchtrennt war, so dass es nichts wahrnehmen konnte – trotzdem haben auch diese Fische normales Schwarmverhalten gezeigt. Zweifellos passiert da etwas Eigenartiges, es ist wirklich rätselhaft.

Schwärme von Vögeln sind ein weiteres Beispiel, denn auch bei ihnen ändert ein kompletter Schwarm offenbar gleichzeitig auf einmal die Richtung. Die üblichen Erklärungen reichen hier nicht weit. Es gibt nur sehr wenige genauere Untersuchungen des Phänomens. In meinem Buch habe ich einige neuere Studien besprochen. Die Beobachtung von Schwärmen mit Zeitlupenfilmen hat einige Informationen über die Wellen von Manövern, die sich im Schwarm verbreiten, erbracht. Aber sie finden in vielen Fällen so schnell statt, dass normale Sinneswahrnehmung, also das Schauen auf den nächsten Vogel, als Erklärung nicht in Frage kommt. Es muss darüber hinaus noch etwas anderes geben. Ich halte es für ein Beispiel eines Feldphänomens, und diese Felder organisieren nicht nur den Schwarm, sondern besitzen auch wieder diese Art von eingebautem Gedächtnis.

Ich glaube, dass dieselben Prinzipien für Tierherden oder Gruppen von Menschen gelten. Natürlich kann es in der sozialen Organisation von Menschen umfangreiche Übereinkünfte über differenzierte Aufgaben geben, wie z. B. in Football-Mannschaften, in denen die verschiedenen Spieler wie aufeinander abgestimmte Glieder eines einzigen Organismus handeln können. Wahrscheinlich funktionieren ganze Gesellschaften wie soziale Felder. Ich glaube, dass kulturelle Muster und die Vererbung dieser Muster ebenfalls über morphische Felder laufen. In der Kürze der Zeit kann ich hier nicht ins Detail gehen, doch auf einen Aspekt möchte ich noch eingehen: Alle Gesellschaften haben Rituale, die auf die eine oder andere Weise die Vergangenheit widerspiegeln und die Gesellschaft bewusst mit ihrer eigenen Vergangenheit verbinden, mit ihren Ahnen und Vorfahren.

In allen Gesellschaften der Welt steht der aktuelle Vollzug eines Rituals in gewissem Sinne in Verbindung mit der

Vergangenheit und den Menschen, die es früher vollzogen haben, und dies reicht zurück bis zum ersten Mal, an dem es durchgeführt wurde. Zum Beispiel feiern Juden das Passahfest als Nachvollzug des ursprünglichen Passahmahls, das in jener furchtbaren Nacht in Ägypten stattfand, als Gott in seinem Zorn alle Erstgeburt der Ägypter und ihres Viehs tötete. Das Hauptsakrament der Christen, die heilige Kommunion, ist eine Erneuerung des letzten Abendmahls Jesu und seiner Jünger, das natürlich selbst ein Passahmahl war und in das gesamte Feld des Passahfestes eingebunden ist.

Die Menschen glauben sich durch den Vollzug solcher Rituale mit all den anderen Menschen zu verbinden, die das vor ihnen getan haben, bis hin zum ersten Mal, an dem es vollzogen wurde. Die Vergangenheit wird in gewisser Weise während der Durchführung des Rituals zur Gegenwart. Das gilt natürlich genauso für weltliche Rituale. Ein Beispiel dafür ist das amerikanische Thanksgiving-Fest, bei dem die erste Ernte der Pilgrim Fathers in der Neuen Welt nachgefeiert wird. Guy Fawkes ist ein säkulares Fest, an dem der Pulververschwörung gedacht wird und das darüber hinaus an die alte keltische Feuerfeier erinnert, die mit der Feier der Toten verbunden ist; sie lebt im Halloween fort. Guy Fawkes liegt ein paar Tage nach Halloween und gehört zu denselben Festlichkeiten.

Es gibt also diese Muster, und Rituale sind in der ganzen Welt höchst konservativ. Die Menschen glauben, dass Rituale nur wirksam seien, wenn sie möglichst exakt so vollzogen würden wie seit jeher – mit den richtigen Worten, Gesten, Bewegungen, Lauten. Die Sprachen des Ritus wurden stets treu beibehalten, auch nachdem sie keine normalen Umgangssprachen mehr waren. Beispiele hierfür sind Sanskrit, Altägyptisch in der koptischen Kirche, Altslawisch in der russischen Kirche oder Latein in der römischkatholischen Kirche. Man glaubte die richtigen Wörter benutzen zu müssen, damit sie ihre Wirkung entfalteten, die Wörter, die in der Vergangenheit gebraucht wurden, bis hin zu den Ursprüngen des Rituals. Warum sind Rituale so konservativ? Und warum reagieren Menschen so heftig, wenn versucht wird, Rituale umzugestalten oder zu ändern? Man kann das z. B. bei der Kirche von England beobachten. Liturgiereformer meinen, man sollte die veralteten Ausdrücke ersetzen, wir sollten modernes Englisch sprechen, das jeder verstehen kann, man könne nicht nur in der Vergangenheit leben usw. Die Menschen, die dagegen Einspruch erheben, entgegnen, dass das Book of Common Prayer eine eigene Poesie habe, eine Ausstrahlung, eine Sprachresonanz, die sich nicht erklären lasse. Darauf erwidern die Reformer, sie lasse sich tatsächlich nicht erklären, das Ganze sei Unsinn. Diese Art der Auseinandersetzung tritt sehr häufig auf, wenn es darum geht, Rituale zu verändern. Viele Menschen spüren, ohne sagen zu können wieso, dass etwas dafür spricht, alles beim Alten zu belassen und so zu handeln wie immer.

Ich glaube, dass die Idee der morphischen Resonanz eine natürliche Erklärung liefert. Indem die Menschen beim Vollzug eines Rituals eine größtmögliche Ähnlichkeit zu der Weise herstellen, wie es früher durchgeführt wurde, verbinden sie sich durch morphische Resonanz mit denen, die es zuvor vollzogen haben, bis hin zum ersten Mal, an dem es stattfand. Tatsächlich wird durch morphische Resonanz „die Vergangenheit in die Gegenwart gebracht", und das Ritual wird tatsächlich das bewirken, was die Menschen in der ganzen Welt durch Rituale erreichen wollen. Ohne eine solche Vorstellung wie die der morphischen Resonanz ist das Phänomen des Rituals nur sehr schwer zu verstehen, man müsste so etwas wie angeborenen sozialen

Konservatismus usw. voraussetzen – was nur eine andere Formulierung für dasselbe Problem wäre.

Archetypen, Kreativität und Evolution

Bei meiner kurzen Zusammenfassung der geschichtlichen Entwicklung der Wissenschaften wird Ihnen vielleicht aufgefallen sein, in welcher Verbindung die mechanistische Sichtweise mit der sehr überzeugenden Idee der Schöpferkraft und Macht Gottes steht. Natürlich glaubten vor dem siebzehnten Jahrhundert die meisten Menschen ebenfalls an Gott, aber bevor die mechanistische Theorie existierte, erschien in der Naturanschauung die Welt selbst lebendig. Es war eine lebendige Natur. Nach orthodoxer mittelalterlicher Auffassung hatten Tiere und Pflanzen eine Seele. Das englische Wort *animal* stammt vom lateinischen *anima,* was Seele bedeutet. Pflanzen sind ebenso beseelt. Der heilige Thomas von Aquin führte diese Ansicht, gestützt auf Aristoteles, bis in die Einzelheiten aus. So war gemäß der mittelalterlichen Standardauffassung die Natur belebt, ebenso wie Gott lebendig war. Gott war der lebendige Gott, der eine lebendige Welt erschaffen hatte.

Da man die Natur personifizierte und mit poetischen Begriffen belegte, war sie naturgemäß Mutter Natur. Es gab Mutter Natur, und es gab Gottvater. Mutter Natur wurde überwiegend mit der Erde, aber auch mit dem Himmel in Verbindung gebracht, und Gottvater war meist im Himmel angesiedelt. Im Zuge der wissenschaftlichen Revolution des siebzehnten Jahrhunderts erklärten die Menschen die Natur für tot, Mutter Natur wurde zur toten Materie. Wie viele von Ihnen wissen, haben die Worte „Materie" und „Mutter" dieselben Wurzeln. Im Lateinischen heißt es *mater* und *materia*. Es handelt sich um verwandte Begriffe, und in gewisser Hinsicht wurde die Mutter für tot erklärt, sie wurde in tote Materie verwandelt, und all die Kraft der Kreativität, Spontaneität und das Lebendige der Natur verschwanden aus der natürlichen Welt – das Ganze wurde in die göttliche Existenz verlagert. So erlangte Gottes Macht und Herrschaft in der Theologie des siebzehnten Jahrhunderts eine viel stärker Bedeutung, als sie sie im Mittelalter je gehabt hatte. Der Gott der „Weltmaschine", der Gott von Descartes und Newton, war ein himmlischer Ingenieur, der diese Maschine erbaut hatte; für Lebendigkeit und Spontaneität gab es in dieser Natur keinen Platz mehr.

Als dann die Materialisten auftauchten, erklärten sie auch Gottvater für tot; wir blieben also als kosmische Vollwaisen zurück, sowohl von Mutter Natur als auch von Gottvater verlassen; eine Situation, die viele moderne Intellektuelle immer noch für eine unausweichliche Wahrheit halten. Wir waren gestrandete Waisen in einem sinnlosen Universum von toter Materie und wurden von unerbittlichen, sinnlosen Gesetzen und durch den Zufall regiert. Aber auf eine eigenartige Weise wurde Mutter Natur auf dem Gebiet der materialistischen Wissenschaft wieder zum Leben erweckt – und zwar so sehr, dass ich inzwischen den Materialismus für eine unbewusste Verehrung der Großen Mutter halte.

Der Materialismus hat in der Tat etwas von einer Religion, auch wenn man dies von ihm zuletzt erwarten würde. In dieser Religion wird die Rolle von Gottvater – dem Gott des Himmels, dem himmlischen Schöpfer – völlig verneint und das ganze Fundament der Realität in die Materie oder in Mutter Natur gelegt. Das wird besonders bei Darwin deutlich. Seine Evolutionstheorie bringt es mit sich, dass Gott als himmlischer Ingenieur, der alle Formen des Lebens entworfen und erschaffen hat, strikt und ausdrücklich abgelehnt wird. Darwin vertrat stattdessen die Meinung, dass das gesamte Leben nicht durch Gottvater, den göttlichen Ingenieur, sondern durch die Natur selbst hervorgebracht sei. Die Schöpferkraft des Lebens und der Evolutionsprozess stammten nicht von „da oben", sondern seien alle von der Natur selbst bewirkt worden. Üblicherweise personifizierte Darwin die Natur, indem er das „N" in „nature" groß schrieb, und in seinem Buch *Vom Ursprung der Arten* heißt es: „Es ist schwierig, eine Personifizierung des Wortes Natur zu vermeiden." Alle Bedenken gegen diesen Gebrauch wischte er beiseite und fügte hinzu: „Hat man sich erst einmal damit vertraut gemacht, sind solche oberflächlichen Einwände vergessen." Es gibt keinen Zweifel, dass er die Natur für die schöpferische Quelle hielt, sie war nun nicht mehr tote, träge Materie, sondern eine schöpferische Natur – eine schöpferische Materie, die alle Formen des Lebens hervorbrachte, die der Ursprung des gesamten Lebensbaums war.

Wenn man die Natur so personifiziert wie Darwin, ist sie die Große Mutter. Was sind die Merkmale dieser Großen Mutter? Aus den Mythologien, die es überall in der Welt über sie gibt, wissen wir, dass sie zum einen ungeheuer fruchtbar ist. Sie ist der Ursprung allen Lebens, das, woraus alles Leben entsteht. Aber sie ist auch ebenso fürchterlich und zerstörerisch, sie vernichtet ihre eigenen Nachkommen, alles Leben kehrt zu ihr zurück. Diese todbringende Seite der Großen Mutter oder der Großen Göttin ist genauso wichtig wie die Seite des Lebens, sie gehören zusammen. Der todbringende Aspekt wird in Indien durch Kali, die schwarze Göttin, repräsentiert, die normalerweise mit bluttriefenden Reißzähnen und blutbedeckten Händen dargestellt wird. Dieser Aspekt der Natur „mit roten Zähnen und Klauen" hat Darwin zutiefst beeindruckt.

Die Kontroversen innerhalb des Darwinismus beruhen bei genauerer Betrachtung auf der Personifikation von Mutter Natur. Manche legen das Schwergewicht eher auf die spontane Schöpferkraft der Natur und der Evolution. Darwin selbst, die orthodoxen Darwinisten und die Neo-Darwinisten hingegen betonen ihre destruktive Seite. Die natürliche Auslese erfolgt durch Töten, und in dieser zerstörerischen Seite der Natur sehen sie eine prinzipiell schöpferische Kraft. Ich glaube, dass die verborgene Göttin dort das Zerstörerische der Großen Mutter ist, die Kali- oder Hekate-Seite der Natur. Auch wenn dies vollkommen unbewusst ist, halte ich es für den vorherrschenden Archetypus.

Immer wenn man sich mit Strömungen des Darwinismus oder sogar des Materialismus befasst, liegt die Lösung in der verborgenen Göttin. Sie lässt sich immer finden. In Jacques Monods Version des Neo-Darwinismus sind Zufall und Notwendigkeit die vorherrschenden Prinzipien. Was sind das für Göttinnen? Nun, der Zufall ist Fortuna, die blinde Göttin oder Glücksbringerin. Die Notwendigkeit ist das Schicksal oder die Bestimmung, die durch die drei Parzen vertreten werden, die drei ernsten spinnenden Frauen, die den Faden des Lebens spinnen, zuteilen und zerschneiden. Gibt es im Neo-Darwinismus einen Lebensfaden, der den Sterblichen ihr Schicksal bei der Geburt zuweist? Ja, auf eine geradezu absurd buchstäbliche Weise: Die DNA in den fadenförmigen Chromosomen sorgt dafür. Es ist seltsam, dass es diese verborgenen Archetypen in der modernen Wissenschaft gibt, und ich glaube tatsächlich, dass man den Materialismus am besten versteht, wenn man ihn als ein unbewusstes Zeugnis der Großen Mutter ansieht.

Es liegt nichts Falsches darin (tatsächlich sogar sehr viel Richtiges), diesen Archetypus von Mutter Natur und den verschiedenen weiblichen göttlichen Prinzipien anzunehmen, aber ich halte es für wichtig, sich dessen bewusst zu sein. Meiner Meinung nach haben sich die destruktiven Seiten des Materialismus größtenteils dadurch herausgebildet, dass man sich ihrer nicht bewusst ist. Wenn wir uns mit Kreativität beschäftigen, erkennen wir, wie diese verschiedenen archetypischen Muster funktionieren und wie sich schöpferisches Wirken verstehen lässt. Für den Materialisten muss es in Begriffen von Materie erklärt werden, die ihnen Quelle alles Schöpferischen ist. Das ist die „bottom-up"-Sicht. Doch bei genauerem Nachdenken über Archetypen schöpferischen Wirkens kommt man dazu, dass sie sämtlich weiblich sind. Es ist entweder der Zufall – der „blinde Zufall", in den Worten Monods; er sprach von „den unausschöpflichen Reserven des Willens zum Zufall". Oder wir denken über das Schöpferische in Begriffen evolutionärer Emergenz nach, wobei neue Formen aus der Materie oder der Natur auftauchen. Nun, dieses „Auftauchen" legt nahe, dass etwas wie aus einem Schoß geboren wird; neue Formen werden aus dem Schoß der Natur geboren.

Diese Vorstellung des Schöpferischen – in der „bottom up"-Sicht, per Zufall, durch Auftauchen, von unten her – stellt nur eine Denkrichtung dar. Die andere Art, sich evolutionäre Kreativität, das evolutionäre Prinzip, vorzustellen, ist die „top-down"-Sicht, die Betrachtungsweise von oben. In ganz traditionellen Begriffen könnte man dies so ausdrücken, dass alles schon im Voraus geschaffen wurde, in der Form platonischer Ideen, die ewig, sich selbst erhaltend und immer schon da gewesen sind. Man könnte sagen, dass diese Ideen in die Welt kommen, ein eigenes Leben führen und zur Grundlage neuer Gewohnheiten werden. Aber ich denke, dass der befriedigendere Weg, sich eine „top down"-Kreativität vorzustellen, so aussieht: Wo auch immer Schöpferisches erscheint, geschieht dies in einem größeren organisierten System. Das Hervorbringen neuer Galaxien geschieht im Feld des gesamten Kosmos, die Erzeugung eines neuen Sonnensystems innerhalb der Galaxien, Planeten tauchen in Sonnensystemen auf, ein Ökosystem wird im Feld des ganzen Planeten geschaffen. Neue Arten entstehen in Ökosystemen, neue Verhaltensgewohnheiten entwickeln sich innerhalb der Arten, und in den Organismen bilden sich neue Zellen und Proteine. Man könnte sich eine höhere Ebene auf jeder Entwicklungsstufe vorstellen, die Verhaltensmuster organisiert und entstehen lässt und eine „top down"-Kreativität einschließt. Es gibt viele mittlere Ebenen der Organisation, die in traditionellen Kosmologien oft als Hierarchien von Engeln, engelsgleichen Intelligenzen auf Planeten, von Sonnensystemen und Galaxien usw. gefasst werden.

Ich glaube nicht, dass es eine objektive Möglichkeit gibt, sich zwischen diesen beiden Modellen des Schöpferischen zu entscheiden. Einige Leute werden die „top down"-Vorgehensweise bevorzugen und andere das „bottom up"-Verfahren. Kürzlich habe ich einen Workshop in New York veranstaltet, bei dem dies exemplarisch deutlich wurde. Es waren zwei sehr interessante und phantasiebegabte Herren anwesend, beide recht alt. Der eine bestand darauf, dass die Schöpferkraft von Gott über die Engel zu uns komme. Außerdem glaubte er, dass sie, durch außerirdische Intelligenzen übermittelt, von oben auf die Erde komme, was er als Logos-Konzept der Kreativität bezeichnete. Der andere war ein Psychologe aus der Jung-Schule und legte sehr großen Wert auf eine Art Erdmeditation. Er sprach ständig von der Kreativität, die aus der Erde hervorquelle und aus dem Dunkel des Unbewussten auftauche, die von unten aufsteige. Er benutzte die gesamte Bilderwelt des Aufsteigens aus dem Unbewussten, der Dunkelheit, aus den Träumen, aus dem Grund, aus der Erde, also von unten auf die Erdoberfläche. Beim anderen ging es vom Himmel herab. Beide Denkweisen erscheinen mir recht plausibel, und ich glaube, eine Theorie des Schöpferischen sollte beide umfassen. Natürlich sind in den überlieferten Theorien der Kreativität tatsächlich, wenn man es recht bedenkt, beide Ansätze enthalten. Anstatt zu behaupten, dass alles vom Vater stamme – wie bei der mechanistischen Sicht – oder alles von der Mutter (so der materialistische Ansatz in seiner unbewussten Form), können wir uns darauf einigen, dass von beiden ein wenig vorhanden ist, vom Vater und von der Mutter. Wenn wir sie personifizieren, erkennen wir sofort, dass die Formulierungen „alles stammt vom Vater" oder „alles stammt von der Mutter" einseitige Sichtweisen kennzeichnen.

Viele traditionelle Systeme lassen beide Sichtweisen gelten. Im hinduistischen Tantrismus gibt es z. B. die Vorstellung, dass es sich um zwei ineinander greifende kreative Prinzipien handele: Shiva, das Prinzip der Form, ist das männliche und rationale Prinzip, und Shakti, das Prinzip der Energie, der Veränderung und der Dynamik, ist das weibliche Prinzip. In anderen hinduistischen Systemen wird Shiva zum Prinzip der Energie und Vishnu zum Prinzip von Form, Ordnung und Erhaltung. Im taoistischen System gibt es Yin und Yang. Im traditionellen christlichen Modell der Schöpfung gibt es den Logos, das Prinzip der Form, Ordnung und Beschränkung. Das andere Prinzip im christlichen Modell ist der Geist, das Prinzip der dynamischen Bewegung – er ist unerforschlich, nicht rational und nicht zu begreifen. Wie es in jener wunderbaren Passage beim Evangelisten Johannes heißt: „Der Wind weht, wo er will, und du hörst sein Sausen, aber du weißt nicht, woher er kommt und wohin er geht; so ist jeder, der aus dem Geist geboren ist." Der Geist ist in der Bibel in Bildern des Windes, des Atems, der Luft, der Flammen und des Fließens gefasst.

In all diesen Systemen taucht der Gedanke zweier aufeinander einwirkender Prinzipien auf, die keine Dualität sind, denn sie werden durch ein drittes Prinzip zusammengehalten, in gewisser Weise bilden sie eine Dreiheit. Yin und Yang befinden sich in einem Kreislauf, der das dritte Prinzip bildet. Logos und Geist stützen sich beide auf das dritte Prinzip, das in der christlichen Dreieinigkeit der Vater ist. Shiva und Shakti sind nicht voneinander getrennt, sie werden in orgiastischer Umarmung, im Zustand der Vereinigung dargestellt.

Immer wenn wir über Kreativität nachdenken, gelangen wir zu diesen archetypischen Mustern, die darauf verweisen, dass es sowohl ein Prinzip der Form als auch ein dynamisches Prinzip gibt. Ich glaube, dass diese beiden zusammenkommen müssen, damit es ein evolutionäres Universum geben kann. Hätten wir nur starre Gesetze, könnte keine Entwicklung stattfinden. Gäbe es nur dynamische Veränderung oder Energie, hätten wir Chaos um uns herum. Beide zusammen ergeben nach meiner Ansicht ein Universum, das Entwicklung zulässt, in dem Form, Muster und Ordnung sich evolutionär entfalten und der natürlichen Auslese unterliegen. Die Natur ist ein System sich entwickelnder Gewohnheiten mit einer innewohnenden, fortbestehenden schöpferischen Kraft.

Nachwort

David Lorimer

Es ist mir ein Vergnügen, dieses Nachwort zur deutschen Ausgabe einiger der wichtigsten Vorlesungen zu verfassen, die im Rahmen der Mystics and Scientists Conference gehalten wurden. Als ich 1981 zum ersten Mal im King Alfred's College eine dieser Konferenzen besuchte, lehrte ich am Winchester College ganz in der Nähe. Es war eine aufregende, geradezu elektrisierende Erfahrung. Die Stimmung war fast rauschhaft, da zwei bedeutende Felder menschlichen Verhaltens von Mystikern und Wissenschaftlern gemeinsam erörtert wurden, die erkannt hatten, dass weder die Mystik noch die Wissenschaft die Gesamtheit des Wirklichen zu erfassen vermochte. Ich erinnere mich besonders an eine Bemerkung von Charles Tart, wonach der Streit zwischen Mystik und Wissenschaft zwischen Dogmatikern geführt werde, die zweitrangige Mystiker und zweitrangige Wissenschaftler seien. Denjenigen, die zur Spitze zählten, sei klar, dass es sich um einander ergänzende Annäherungen an dieselbe Wirklichkeit handele. Wenn man einige der größten Physiker in der Wissenschaftsgeschichte des 20. Jahrhunderts wie Einstein, Heisenberg, Pauli, Bohr und Eddington betrachtet, wird deutlich, wie sehr diese Bemerkung zutrifft.

Die erste Mystics and Scientists Conference fand 1978 statt, nur zwei Jahre nachdem Fritjof Capras *Das Tao der Physik* erschienen war und ein Jahr vor der Veröffentlichung von Gary Zukavs *Die tanzenden Wu Li Meister*. Der Gedanke eines Zusammenlaufens von Mystik und Wissenschaft wurde nur zögernd vorgebracht, und viele waren beeindruckt von der Parallelität der Ausdrucksweise beim Sprechen über die allem zugrunde liegende Natur der Realität. Ich erinnere mich, dass ich im selben Jahr eine Vorlesung von Fritjof Capra in Cambridge besuchte, in der eine Atmosphäre der Öffnung gegenüber neuen Horizonten herrschte. Das, worum es im Wesentlichen ging, lässt sich in die Frage fassen: In welcher Beziehung stehen das Eine und die Vielheit? Daran schließt sich die Frage an, ob das Eine des Wissenschaftlers dasselbe sei wie das Eine des Mystikers.

Mystiker wie Wissenschaftler postulieren, dass der Vielfalt der Welt eine Einheit zugrunde liege, ein Grund der Wirklichkeit und des Seins oder Bewusstseins. Die Suche nach dem Einen oder der Einheit ist in dem Titel des zum Klassiker gewordenen Buches von Renée Weber aus dem Jahr 1986 gut zum Ausdruck gebracht: *Wissenschaftler und Weise. Gespräche über die Einheit des Seins.* 1983 tauschten sich Fritjof Capra und Ken Wilber über dieses Thema aus. Während Capra argumentierte, dass das Eine letztlich identisch sei, hielt Wilber daran fest, dass die Einheit, die der physischen Welt zugrunde liege, eine der Subzendenz sei, während das einende Bewusstsein auf eine Transzendenz hinauslaufe. Es mag schon sein, dass beide letztlich identisch sind, doch ich halte es für nützlich, Wilbers Unterscheidung im Kopf zu behalten, wenn es darum geht, die Bedeutung der angestrebten Einheit in diesen unterschiedlichen Kontexten herauszudestillieren.

Bei der Durchsicht der Themen, unter denen die ersten über zwanzig Konferenzen standen, ergaben sich fünf Hauptbereiche: Mystik und Spiritualität; Kosmologie; Physik; Biologie und die Gaia-Hypothese; Bewusstsein und Psychologie. Die Titel der Konferenzen spiegeln diese Themen wider. Die erste hieß einfach „Mystiker und Wissenschaftler" und wurde unter der Rubrik „Mai-Vorlesungen“ angekündigt, die ihrerseits 1974 ins Leben gerufen und 1977 vom Scientific and Medical Network übernommen worden waren. Die Mai-Vorlesungen wurden ab 1979 unter der Schirmherrschaft von Network als gesonderte Veranstaltung weitergeführt und firmieren heute als „Mai-Dialog“. Malcolm Lazarus und Sir George Trevelyan vom Wrekin Trust standen hinter der ersten Mystics and Scientists Conference. Im Programm dazu heißt es: „Der wissenschaftliche Geist kann durch die Tür des unendlich Kleinen, Infinitesimalen, zum Unendlichen, Infiniten, gelangen. Der Mystiker kann, indem er nach innen geht und einen Zustand der sinnfreien Wahrnehmung erreicht, entdecken, dass er ein Teil all dessen ist. Indem der Elementarteilchenphysiker Methoden der Beobachtung benutzt, die über die gewöhnliche Wahrnehmung hinausgehen, erfährt er die Wirklichkeit als ein harmonisches organisches Ganzes.“ Und weiter: „Die Bedeutung dieses wissenschaftlichen Durchbruchs zu einem Modell der Realität, das in seiner Natur wesentlich spirituell ist, kann nicht stark genug betont werden.“ Diese Fragestellung wurde in der zweiten Konferenz weitergeführt, wie die Titel der Vorlesungen von Lawrence Le Shan („Das Medium, der Mystiker und der Physiker: Drei Wege zur selben Realität?“) und Ravi Ravindra („Wissenschaft als spiritueller Weg“) belegen.

Die folgenden fünf Konferenzen erkundeten verschiedene Aspekte des Bewusstseins und seiner Entwicklung. In den neunziger Jahren kam es dann zu einer regelrechten Explosion des Interesses an Bewusstseinsstudien. Viele internationale Konferenzen fanden statt, und das *Journal of Consciousness* ist inzwischen fest etabliert. Es ist verblüffend, aber schon 1980/81 widmete man sich Themen wie „Die Wissenschaft des Bewusstseins“ und „Grenzen des Bewusstseins". Wie es im Programm von Mystics & Scientists 3 heißt: „Hier, am Verbindungspunkt zwischen dem Universum des äußeren Raumes und dem Universum der inneren Welt, treffen sich Wissenschaft und Mystik." Die achte und neunte Konferenz fügten Musik und Mathematik zur Liste der Themen hinzu: Auf dem Programm stand unser pythagoreisches Erbe, das zu Architektur und Rhythmen des Universums in Beziehung gesetzt wurde. Die zehnte Konferenz kehrte zur Ursprungsfrage nach der Einen und der Suche nach Ganzheit zurück. Die beiden folgenden Konferenzen konzentrierten sich auf die Biologie, die Gaia-Hypothese und ihre Folgerungen für die Evolution des Bewusstseins.

Zu diesem Zeitpunkt wurden die Konferenzen meiner Verantwortung unterstellt und in der Folge 1992 vom Scientific and Medical Network übernommen. Das Network ist eine informelle, international ausgerichtete Gruppe mit 2000 Mitgliedern in über 50 Ländern. Es sucht die ausschließlich materialistischen Annahmen der derzeitigen Naturwissenschaft und Medizin in Frage zu stellen und plädiert für eine Vorgehensweise, die auf einer Synthese von rationaler Analyse und intuitiver Einsicht beruht (siehe www.scimednet.org). Die ersten beiden Konferenzen der 90er Jahre widmeten sich der Natur des Selbst und der Transformation, insbesondere im Licht des Aufkommens der Chaostheorie am Ausgang der achtziger Jahre. Die 1992er Konferenz über die Natur des Lichts stellte dank des herausragenden Beitrags von Dom Bede Griffiths – er starb im Jahr darauf – einen Höhepunkt der Reihe dar. Sie wurde von weit über 400 Leuten besucht, sodass ein großer zusätzlicher Saal erforderlich war. Das Thema von 1993 lautete „Das Leben des Herzens", und es sprachen Larry Dossey und Matthew Fox. 1994 kehrte man zum Thema der Transformation zurück, unter Berücksichtigung der verschiedenen Bedeutungen und Ebenen von Geburt und Wiedergeburt. 1995 setzten wir uns mit einem der Grundelemente, dem Wasser, auseinander und betrachteten sowohl die neuere wissenschaftliche und medizinische Forschung als auch die symbolischen Bedeutungen. Das Thema von 1996 war kontrovers, es ging um die Natur von Energie. Für diesen Terminus haben Physiker eine sehr präzise Verwendung, und sie ärgern sich über den offensichtlich eher bildlichen Gebrauch dieses Begriffes bei Heilern; Heiler entgegnen darauf, dass es kein passenderes Wort gebe, und können nachweisen, dass die Physik diesen Begriff, der ursprünglich eine weiter gefasste Bedeutung hatte, usurpiert hat. 1997, aus Anlass des zwanzigsten Jubiläums der Konferenz, schien es angemessen, zu einem grundlegenden Thema der Reihe zurückzukehren; der Titel lautete: „Der Geist der Wissenschaft und die Wissenschaft des Geistes". Seitdem sind die Konferenzen mit Themen wie „Der Atem des Lebens", „Die Sonne", „Vision" und „Lebensbäume" fortgeführt worden. Während ich dies schreibe, laufen die Vorbereitungen für die Konferenz zum fünfundzwanzigjährigen Jubiläum im April 2002.

25 Jahre Mystics and Scientists

Ein kurzer Blick auf die weit über hundert Personen, die während der bald 25 Konferenzen Vorlesungen gehalten haben, verdeutlicht, dass sie in ihrem jeweiligen Bereich in vorderster Front des neuen Denkens standen und zahlreiche Bücher verfassten, die eine breite Wirkung entfalteten. Nach meiner Berechnung haben knapp über 50 der Vortragenden insgesamt über 180 Bücher veröffentlicht, von denen die meisten in meiner Bibliothek stehen. Ich glaube, dass die Konferenzen selbst zu den Veränderungen des Denkens, deren Zeuge wir wurden, beigetragen haben, dass dieser Beitrag jedoch durch die individuellen Leistungen der Vortragenden noch beträchtlich erweitert wurde. Mit einer Besucherzahl von über 250 Personen pro Jahr, von denen viele bei mehreren Konferenzen dabei waren, müssen insgesamt weit über 3000 Personen an ihnen teilgenommen haben. Dazu muss man diejenigen hinzuzählen, die die Konferenz nicht selbst besuchten, aber später Tonbänder oder Videos bestellten. Wenn man schließlich die Millionen Menschen berücksichtigt, die einige der 180 Schlüsselwerke gelesen haben, dann ist die darüber hinausgehende indirekte Wirkung der Konferenz wirklich sehr groß.

Was sind die wichtigsten Entwicklungen in den Bereichen, mit denen sich die Mystics and Scientists Conferences in den letzten 24 Jahren beschäftigt haben?

Auf dem Gebiet der Mystik und Spiritualität hat es ein wachsendes Interesse an asiatischen Religionen, vergleichender Religionskunde, Meditation und persönlicher spiritueller Entwicklung gegeben. Dom Bede Griffiths war mit seinem Ashram in Südindien und Büchern wie *Rückkehr zur Mitte. Das Gemeinsame östlicher und westlicher Spiritualität* und *Die neue Wirklichkeit* einer der Pioniere. Er sah etwas Gemeinsames, das den Manifestationen der großen religiösen Traditionen zugrunde liege, und benutzte Schriften aus diesen unterschiedlichen Quellen in seinen Übungen. Meditationsworkshops haben in den Konferenzen eine Schlüsselrolle gespielt, und Meditation gehört für viele Teilnehmer der Konferenz zu einem wesentlichen Teil ihrer täglichen Praxis. Ravi Ravindra hat Erhellendes zum Vergleich von Yoga und Physik beigetragen wie auch aus östlicher Sicht über das Johannes-Evangelium geschrieben. Matthew Fox hat den Begriff der „schöpferischen Spiritualität" geschaffen sowie eine Rückkehr zu den Quellen westlicher Mystik wie Meister Eckhart und Hildegard von Bingen gefördert. Anne Baring gehörte zu einer Bewegung, die unsere Aufmerksamkeit für das Weiblich-Göttliche und dessen Rolle in der Erneuerung unserer Kultur geschärft hat. Überhaupt gab es eine beachtliche Debatte über die Beziehung zwischen Religion und Spiritualität, bei der viele für Letztere eintraten und ihre Bedenken gegenüber den formaleren und dogmatischeren Aspekten der etablierten Religionen zum Ausdruck brachten. Dies ging mit einer gewaltigen Ausdehnung neuer religiöser Bewegungen einher. Bücher über mystische Erfahrungen und Nahtoderlebnisse haben meiner Überzeugung nach den Trend zu eher persönlichen Formen der Spiritualität verstärkt.

Es werden immer noch sehr lebendige Debatten über die Beziehung zwischen Physik und Mystik geführt. Ken Wilber hat in seinen *Quantum Questions* gezeigt, dass viele große Physiker Anfang des 20. Jahrhunderts sich für die tiefgründige Frage nach den Grenzen und der Einheit der körperlichen Existenz interessierten. Bereits erwähnt habe ich Fritjof Capras *Das Tao der Physik*, ein Buch, das auf breite Zustimmung, aber auch auf viel Kritik stieß. Er stellt seine Auffassung in einer Vorlesung dar, die in dem vorliegenden Buch enthalten ist. Mit der Veröffentlichung von *Die implizite Ordnung. Grundlagen eines dynamischen Holismus* setzte ein weites Interesse am Werk von David Bohm ein, besonders an seiner Vorstellung einer zugrunde liegenden dynamischen impliziten Ordnung, aus der heraus sich die physische Welt entfaltet. Bohm war durch den jahrelangen Kontakt mit Krishnamurti beeinflusst und erwies sich als inspirierend für Denker, die eine holistische Weltsicht zu formulieren suchten. Es sollte allerdings nicht unerwähnt bleiben, dass seine deterministische Interpretation der

Quantentheorie innerhalb der Physik wenig Beifall findet, auch wenn das Buch *The Undivided Universe*, das er mit Basil Hiley schrieb und das nach seinem Tod herauskam, viel Beachtung fand.

Vorstellungen von Selbstorganisation, wie sie im vorliegenden Buch von Paul Davies erklärt werden, haben in den letzten zwanzig Jahren in der Physik wie in der Biologie einen wachsenden Einfluss entfaltet. Ilya Prigogine und andere fanden heraus, dass Ordnung aus dem Chaos hervorzugehen vermag und dass die Idee dissipativer Strukturen, die ursprünglich aus der Chemie stammt, auf metaphorische Weise auf andere Bereiche übertragen werden kann. Eine dissipative Struktur ist ein offenes System, das durch eine relative Konstanz von Input und Output im Gleichgewicht gehalten wird. Wenn der Druck jedoch zu stark wird, reorganisiert sich das System spontan auf einem anderen Level und stellt ein neues Gleichgewicht her. Solche Modelle haben auf verschiedenen Ebenen Anwendung gefunden, um Transformationen zu erklären, z.B. in biologischen oder sozialen Systemen.

Die bedeutendste Entwicklung in der Biologie in den letzten zwanzig Jahren ist das Aufkommen der Gaia-Hypothese, vorangetrieben durch James Lovelock und Lynn Margulis. Lovelock veröffentlichte sein erstes Gaia-Buch Ende der siebziger Jahre, und genauer ausgearbeitete Darstellungen folgten. Die zentrale These besteht darin, dass die Biosphäre ein selbstorganisiertes oder selbstreguliertes System sei. Aus dieser Sichtweise ergibt sich eine Kritik am neodarwinistischen Bild einer Umwelt, die „von oben" selektiven Druck auf Organismen ausübt. In der Gaia-Perspektive erscheinen Organismus und Umwelt als ein sich gegenseitig beeinflussendes System, wobei das Augenmerk auf die Bedeutung von Symbiose und Zusammenwirken zu richten ist, die komplementäre Kräfte zur Rivalität und zum Kampf ums Dasein darstellen. Dies führt zur Vorstellung der Synergie als Kraft des Zusammenwirkens. Brian Goodwin hat sich mit der Anwendbarkeit der Chaos- und Komplexitätstheorie auf die Biologie beschäftigt und als einer der Ersten die wissenschaftlichen Vorstellungen Goethes, dessen Natursicht vom Gedanken der Teilhabe geleitet ist, wieder ins Gespräch gebracht. Diese Entwicklungen wurden von neueren Forschungsrichtungen der Biologie breit rezipiert, während die offizielle Molekularbiologie den zentralen Dogmen des Neo-Darwinismus treu blieb.

Noch revolutionärer waren Rupert Sheldrakes Ideen. Seitdem die Zeitschrift *Nature* in der Besprechung seines Werks *Das schöpferische Universum* nahe legte, dass es ein guter Kandidat für eine Bücherverbrennung sei, waren seine Vorstellungen von morphischer Resonanz und formbildender Verursachung sowie seine Behauptung, die Naturgesetze seien so etwas wie Gewohnheiten, umstritten. Der zugrunde liegende Gedanke, dass morphische Felder dafür sorgen, dass Dinge sich leichter ereignen, wenn es sie vorher schon einmal gegeben hat, wurde auf verschiedenen Wegen erfolgreich überprüft. Sein neueres Werk erstreckt sich auf eine neue Form der Naturphilosophie und auf „Sieben Experimente, die die Welt verändern könnten". Zu den beliebtesten dieser Experimente gehören „Unser Gefühl zu spüren, dass wir von hinten angestarrt werden" und „Die Fähigkeit von Haustieren, die Rückkehr ihres Besitzers zu spüren". Diese Arbeit führte zu weiterer Forschung und zu einem weiteren Buch. Solche Unternehmungen betrachten viele konservative Wissenschaftler mit Skepsis oder nehmen sie erst gar nicht zur Kenntnis, doch Rupert Sheldrake entwirft wahrlich originelle Experimente und bindet eine große Anzahl von Leuten in die Forschung ein, was nicht nur kostengünstig ist, sondern auch die Art unseres Nachdenkens über den Geist verändern könnte. Seine Idee eines „ausgedehnten Geistes" verdankt einiges der metaphorischen Deutung der Nichtlokalisierbarkeit in der Quantentheorie. Experimente haben gezeigt, dass ein völlig getrenntes Teilchen, das einmal mit einem anderen verbunden war, auf eine Veränderung in dessen Spin unmittelbar reagiert.

Um genauere Informationen über das Scientific and Medical Network zu erhalten, können Sie eine E-Mail an info@scimednet.org schicken oder unsere Website besuchen (www.scimednet.org).

David Lorimer, Fife, Schottland, Mai 2001